Dubai V.A.Emirate und Oman

In der ersten Hauptstadt der Zukunft

Liebe Leserin, lieber Leser,

aus dem Flugzeug sieht man zuerst die beleuchteten Straßen Dubais. Größer als Manhattan. Erst in den folgenden Tagen erkennt man, dass dieses Straßennetz auf Sand gebaut ist: Hier steht kein einziges Haus. Die Wüste ist nachts beleuchtet und auch das Meer. Und unzählige Baustellen. 24 Stunden am Tag bauen in Dubai asiatische Tagelöhner für 4 Dollar die erste Metropolis des dritten Jahrtausends.

GEFAHR BEIM ABSEILEN Angeseilte Philippiner tauschen nachts, wenn alle Gäste schlafen, Glühbirnen in der hundert Meter hohen Lobby eines Hotels aus. Sie gehören zum Heer der schlecht bezahlten Arbeitsmigranten, die Dubai am Laufen halten

Dubai ist eine gigantische Dauerbaustelle. Und wir dachten, der Potsdamer Platz sei ein Großprojekt. Lächerlich. Dubai ist „the City that never sleeps“. Eine rasch wachsende Business-Stadt mit Strand. Dubai ist auch die Welthauptstadt der Hotellerie. Hier wohnen sonnenhungrige Europäer, Reisende auf Stopover, Menschen aus arabischen Ländern, die der heimischen Sittenstrenge entfliehen wollen und Geschäftsleute, die den Deal ihres Lebens wittern. Dubai ist ein polyglottes Business-Babel mit kaum 15 Prozent Einheimischen. Und fast alle Europäer, die wir in den Emiraten trafen, hatten ein Ziel: So lange zu bleiben wie möglich. Denn wen die Scheichs nicht mehr für nötig erachten, der muss die Emirate verlassen. Und das kann in Dubai so schnell gehen wie alles andere auch.

Für die Touristen gilt das natürlich nicht. Dieser Wirtschaftszweig soll nach dem Ende des Ölbooms die Kassen des Kleinstaats füllen. Und wie es aussieht, könnte dieser Plan gelingen.

Herzlich, Ihr

Andreas Hallaschka
MERIAN-Chefredakteur

MIT CHARME und Energie musste sich Reporterin Ulrike Putz bei ihren Recherchen über den Bauboom in Dubai durchsetzen. Erwünscht waren neugierige Fragen nicht. Fast überall stand sie zunächst vor verschlossenen Türen. Seite 52

MIT KENNTNIS Fotograf Walter Schmitz und Autor Franz Lenze (r.) waren bei den Schmugglern von Musandam. Lenzes perfektes Arabisch bewahrte sie vor manchem Missverständnis. Seite 100

MIT WEITBLICK MERIAN-Autor Benno Stieber vor der Corniche in Abu Dhabi. Mehrere Reisen in die Emirate verschafften ihm Zugang zum privaten Leben der Einheimischen. Seite 28

Dubai V.A.Emirate und Oman

„Big Red", die große Rote, heißt die Sanddünenwüste 45 Autominuten von Dubai auf dem Weg ins Hatta-Gebirge

MERIAN | Tipps

RUBRIKEN

Foto: Katarina Premfors

Kompromisslos
aufregend.
Das neue BMW Z4 Coupé.
Ab Anfang Juli bei Ihren BMW Vertragshändlern und Niederlassungen.
Kraftstoffverbrauch innerorts: 13,0 l/100 km, außerorts: 6,8 l/100 km,
kombiniert: 9,0 l/100 km, CO_2-Emission kombiniert: 216 g/km.

Das neue BMW Z4 Coupé

www.bmw.de/
Z4coupe

Freude am Fahren

BOOMTOWN

Lange war Dubai nicht mehr als ein Dorf am Rande der Wüste. Dann wird Erdöl entdeckt. Und mit ihm kommt der Reichtum. Es dauert nur 40 Jahre – plötzlich hat sich die ehemalige Siedlung der Perlentaucher in eine glitzernde Metropole der Superlative verwandelt

Ein paar Lehmhäuser, Hütten, Zelte, mehr nicht: Das ist Dubai um 1900. Ein kleiner Marktflecken am Persischen Golf, an der Krümmung eines Meerarms. Dahinter erstreckt sich die Wüste. Ein paar Tausend Menschen leben hier, Fischer und Perlentaucher. Männer, die mit einer Holzklammer auf der Nase in der Tiefe der See nach dem kostbaren Schmuck suchen.

Doch Dubai ist mehr als eine Oase im Wüstensand, mehr als die landschaftliche Idylle fernab. Nachdem 1894 Ausländern Steuerfreiheit gewährt wird, laufen im Hafen mehr und mehr Schiffe ein: Kaufleute und Schmuggler reisen an, aus Indien, aus Iran und Pakistan, sie handeln mit Perlen, getrocknetem Fisch, Textilien und Gewürzen.

Die Stadt wächst. In den dreißiger Jahren hat sie bereits 20000 Einwohner. Im Souk drängen sich 350 Geschäfte.

Scheich Raschid bin Zayed al-Maktoum, Dubais Herrscher von 1958 bis 1990, ist ein weitsichtiger Mann. Seine Vision: Aus Dubai soll „das größte Wunder der arabischen Welt" werden. Er träumt von einem Wirtschaftsparadies. 1966 ist das Jahr, in dem das Öl zu fließen beginnt, draußen vor der Küste. Mit ihm sprudelt das Geld. Dubai geht in die Breite, aus Wüste wird Stadt, 1968 wird die erste Straße geteert.

60000 Menschen leben nun in Dubai, Manager, Ölarbeiter, Glückssuchende. Gerade 6000 von ihnen haben Strom und fließendes Wasser in ihren Häusern.

Doch des Scheichs Idee nimmt Gestalt an. Mit seinen westlichen Beratern entwirft er Pläne, wie aus Dubai eine Metropole werden kann. 1971, nach Gründung der Vereinigten Arabischen Emirate, etabliert sich die Stadt als Wirtschaftszentrum. Rund 20 Jahre später belaufen sich die Staatseinnahmen bereits auf sieben Billionen Dollar – ohne Öleinnahmen. Vom Gold, das in den Emiraten lagert (Wert: eine Billion Dollar), gehört das meiste Dubai. Große Bauvorhaben beginnen: Dreimal schneller als in anderen Ländern werden Bürohäuser und Hotels in die Höhe gezogen, ziehen sich breite Schnellstraßen in alle Richtungen des Emirats. Tag und Nacht werkeln die Arbeiter nun an der Sheikh Zayed Road, die nach Jumeirah führt, in das neue Luxus-Wohnviertel. Dorthin, wo sich heute das Burj al-Arab wie ein Segel bläht.

Dubai ist Boomtown, mehr als jede andere Stadt auf der Welt. Finanzmetropole, Touristenhochburg und eine Million Einwohner. Ihre Vorbilder? New York, Hongkong, Shanghai.

Dubai ist auf dem besten Weg, sie alle zu überholen. □

Idyll am Persischen Golf: An der Krümmung des Creek drängen sich die Fischerhütten im Sand – Dubai Mitte des 20. Jahrhunderts

Vom Sand keine Spur mehr: Bis an den Horizont erstreckt sich das neue Dubai – Platz für mehr als eine Million Einwohner

Aus der Wüste wird Stadt: Etwa 1990 beginnen die Arbeiten an der Sheikh Zayed Road, der neuen Lebensader Dubais

Symbol der neuen Macht: Die Emirates Towers an der Sheikh Zayed Road. Links der Büroturm, rechts das Hotel

Herz auf der Stirn, versonnen der Blick: omanische Braut

BRAUTSCHMUCK **Traum**frau

Geschmückt mit allem, was die Preziosenschatulle hergibt, präsentiert sich eine omanische Braut zum Lailat al-Henna, das sie nur mit ihren Freundinnen in der Nacht vor ihrer Hochzeit feiert. Die Gefährtinnen haben auch Hand angelegt bei der kunstvollen Hautdekoration aus Henna. Die Malerei soll die Schöne davor schützen, dass der „böse Blick“ sie treffen und ihr Schaden zufügen kann.

1981

1996

Zwei Hefte hat MERIAN bislang der Arabischen Halbinsel gewidmet. Beide spiegeln rasanten Wandel wider

FALKEN **Lüneburger** Zucht

Der Wappenvogel der Emirate ist Sinnbild für Mut und Stolz und Ausdauer. Seit mehr als 2000 Jahren jagt er scharfen Blicks für den Menschen nach Beute. Lange währt seine sensible Ausbildung zum verlässlichen Jäger. Ein guter Falke kostet den Preis einer Luxuslimousine. Wenn sein Herr auf Reise geht, weicht das Tier nicht von dessen Faust – auch nicht im Flugzeug. Den Arabern gereicht es zu höchster Ehre, wenn sie ihre Herrscher zum Jagdausflug nach Pakistan oder Indien begleiten dürfen. Die besten Falken stammen aus einer Zucht in der Lüneburger Heide. Und sollte sich ein Tier mal verletzen – die Veterinärambulanzen in Abu Dhabi und Dubai sind Tag und Nacht in Bereitschaft.

Teurer Jagdgenosse: der Falke

KLEIDERORDNUNG **Edel**weiß

Sie ist bequem und sie ist Statussymbol, die traditionelle Kleidung der Beduinen. Selbst Politiker und Wirtschaftsführer tragen – knöchellang und langärmelig – das weite, weiße Hemd, die **Dischdascha** aus Baumwolle. Meistens weiß ist auch der Kopfschmuck (**Gafiya** oder **Ghutra**), im Winter nehmen die Männer zuweilen braun oder rot gemusterte Variationen. Es gibt verschiedene Methoden, das Kopftuch zu binden. Die Jungen wickeln es nach omanischer Art zu einem Turban oder lassen die Enden über die Schulter fallen. Nach Väterart aber werden die Zipfel über die Schulter gelegt, ein kleines Käppchen **(Taqia)** sorgt für Halt. Außerdem fixiert eine schwarze Wollkordel, **Aqal** genannt, die Kopfbedeckung. Wie einst tragen die Männer passend zur Kleidung luftige Ledersandalen, in denen sie barfuß gehen. Unter der Dischdascha bekleiden sich Araber mit einem Lendentuch **(Wouzar),** das wie ein Badelaken um die Hüften geknotet wird.

Baumwolle, blütenweiß: Männer in Beduinentracht

1000 Reisen und ein Ziel:
Intensiverleben
Studiosus-Reisen erweitern vom ersten Tag an Ihren Blick auf die Welt und schaffen unvergesslich intensive Eindrücke.
Wählen Sie aus dem größten Studienreise-Angebot Europas. Erleben Sie über 100 Länder in ihrer ganzen Vielfalt: Sehenswürdigkeiten und Kultur, Märkte, Strände und die Menschen.
Fordern Sie jetzt kostenlos unsere aktuellen Kataloge an:
Per Telefon 00 800/24 01 24 01
(Gebührenfrei für D, A und CH)
Oder Internet www.studiosus.com
Studiosus

Geschenk des Himmels: Regen, der Mensch und Natur belebt

NIEDERSCHLAG

Wasserspiele

Grün durch künstlichen Regen: Ein Golfplatz am Highway in Dubai

Die arabische Halbinsel ist eine der niederschlagärmsten Gegenden der Erde. Nur um Salalah im Süden Omans kommt jedes Jahr zuverlässig etwas Gutes von oben. Immer ab Juni, wenn der Monsun die Region streift, gehen die ersehnten Wolkenbrüche nieder und locken die Menschen aus Dubai an. Dort nämlich hat es 2006 zum ersten Mal seit sechs Jahren geregnet. Die Emirate sind dennoch Weltmeister im Wasserverbrauch: täglich 503 Liter pro Kopf. Allein der Golfplatz schluckt gigantische Mengen. Über 75 Prozent des Gesamtbedarfs stammt aus Anlagen, die Ozeanfluten entsalzen und ein großer Teil des Abwassers wird aufbereitet.

Zahlenspiel

25 000 000 000
Euro kosten die wichtigsten Großprojekte Dubais wie „The Palm Deira" oder „Burj Dubai" allein in den nächsten 5 Jahren

4 200 000 000
Euro verdienen deutsche Firmen jährlich mit Exporten in die Emirate. 800 Millionen mit Automobilen

9 000 000
Euro kostet eine Insel in dem künstlichen Archipel „The World"

20 000
Menschen wohnten in Abu Dhabi vor 70 Jahren. Heute sind es über 1,4 Millionen

850
neue Küstenkilometer hat Dubai nach Fertigstellung des Großprojekts „The Waterfront". Ursprünglich hatte Dubai nur rund 70 Kilometer Küste

43
Euro kostet der Nachmittagstee im Sahn Eddar-Café des Burj al-Arab, dem segelförmigen Luxushotel in Dubai

26
Prozent aller Importausgaben der Emirate fließen in Gold, Edelsteine und Schmuck. Insgesamt werden jährlich über 50 Milliarden Dollar für den Import verwendet

1
Meter senkt sich in den Emiraten jedes Jahr der Grundwasserspiegel. Schuld ist der enorme Wasserbedarf

Wiederhergestellt: der Alte Souk in Dubai

ALLTAG

Soukkultur

Ein orientalischer Markt wie der Alte Souk in Dubai ist nicht nur Warenumschlagplatz, an dem um jeden Preis gefeilscht wird. Er ist das Herz jeder arabischen Stadt und ihr soziales Zentrum. Die Händler sind Verkäufer, aber auch Gesprächspartner und Neuigkeitensammler. Die Männer treffen sich im Souk zur Tauschbörse für Klatsch oder einfach, um vor sich hinzudösen. Und die Frauen genießen die große Warenwelt und üben sich in Kauflust.

www.visitportugal.com
VIRTVTIBVS
MAIORVM
VT SIT OMNIBVS DOCVMENTO. P. P. D.
Portugal.
Tauchen Sie ein
An der Algarve oder in den kosmopolitischen Städten Lissabon und Porto können Sie sich von der Musik davontragen lassen bis spät in die Nacht. Feiern Sie mit und spüren Sie den Pulsschlag Portugals. Hier, wo sich das Meer im Himmel spiegelt.
01805004930
PORTUGAL
westlich denken

RENNKAMELE **Robo**jockey

Die höckrigen Vierbeiner waren als Lasttiere und Milchspender für das Überleben der Beduinen in der Wüste unentbehrlich. Heute werden sie als Stars bei Turnieren gefeiert. Kamelrennen sind bei der Bevölkerung in den Vereinigten Arabischen Emiraten beliebt und für Züchter ein Millionengeschäft. Deshalb werden sie gepflegt und gehätschelt und auch schon mal zur Fitness durch eigens gebaute Wassergymnastik-Kanäle geleitet. Lange saßen auf dem Rücken von Rennkamelen kleine Jungen. Internationale Proteste gegen den Einsatz von Kinderjockeys hatten Erfolg: Seit 2005 dürfen nur noch Jugendliche ab 18 die Tiere reiten. Und eine Schweizer Firma konstruierte leichte, schmerzunempfindliche Roboterjockeys. Sie empfangen vom Rand der Rennbahn Signale. So werden die Kamele gesteuert. Die mechanischen Sporengeber scheinen sich zu bewähren. Schon will eine Fabrik in Katar Elektroreiter bauen, für 4 600 Euro pro Jockey.

Mit Chip und Peitsche: Bei Kamelrennen sitzen neuerdings Roboter im Sattel. Für ihre Fitness plantschen die wertvollen Renner auch durch den Aquajogging-Kanal

VERKAUFSHIT
Schneeschule

In der dritten Generation fertigt Erwin Perzy Schneekugeln – und fast alles kam in seiner Wiener Manufaktur schon ins Glas, was als Kitsch und Kuriosität taugt. Einer der besten Kunden ist das Emirat Dubai. Dort sind die Flockenbehälter beliebt als Unterrichtsmaterial in Schulen: Durch sie erleben Wüstenkinder, wie leise der Schnee rieselt.

Weißmacher: Erwin Perzy mit seinen Kugeln

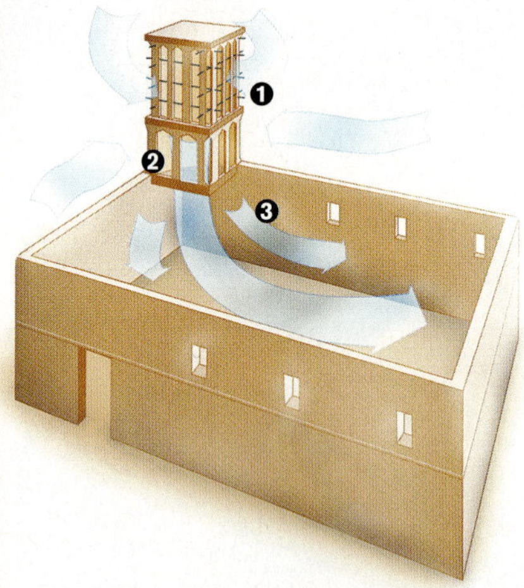

1 Luft strömt je nach Windrichtung durch eine Turmseite mit den schmalhohen Einlässen
2 Die Brise kühlt ab und sinkt nach unten
3 Im Haus erwärmt sie sich und zieht wieder ab

ARCHITEKTUR **Wind**türme

Die Barjeel wirken als Klimaanlagen. Nach allen vier Seiten ist die obere Hälfte geöffnet, innen tut sich eine – von oben gesehen – x-förmige Mauer trichterförmig zu den Einlässen auf. Strömt eine Brise aus einer Himmelsrichtung in den Turm, fängt sie sich an der Mauer und wird nach unten geleitet. Im Turm kühlt sie sich ab und zieht erfrischend durch das Haus.

Emirates
Palace
Abu Dhabi أبوظبي
Once Upon a Lifetime...
...until the next time.
Tel.: +971 (02) 690 9000 Fax: +971 (02) 690 9999 E-mail: reservations.emiratespalace@kempinski.com Internet: www.emiratespalace.com
Kempinski
HOTELIERS SINCE 1897

Die Wüste schrumpft. Mit ungebremster Dynamik wachsen aus dem Sand weitere Glitzertürme in Dubais Himmel. Zurzeit am höchsten: Emirates Towers (halbrechts), gut 300 Meter hoch. Doch bald wird sie der Burj Dubai mit mehr als 700 Metern übertrumpfen

Foto: Peter Bialobrzeski

Allahs Neue Welt

Am Anfang war das Öl und mit ihm kam der Reichtum. Aus einer Zeltstadt am Rand der Wüste wurde die erste Metropole des dritten Jahrtausends: Dubai

TEXT: BENNO STIEBER

Foto: Jaques Toffi

Tierische Gewinne

Regatta der Wüstenschiffe

Aus den lebenswichtigen Transportmitteln der Beduinen wurden Edelrenner. Jugendliche geben ihnen die nackten Fersen. Seit 2005 müssen sie mindestens 18 Jahre alt sein – und es gibt Pläne, sie durch Roboter zu ersetzen. Mit jedem Sieg steigert ein Kamel seinen Preis – die erfolgreichsten Reittiere sind so teuer wie ein Rolls-Royce

Natur aus der Retorte

Putten am Golf

Vor der Kulisse der Hochhäuser liegt der exklusive Dubai Creek Golf & Yacht Club. Entsalztes Meerwasser wird zum Bewässern mit hohem Aufwand durch das Emirat gepumpt und ermöglicht kunstvolles Grün wie hier oder auch ganze Villenviertel

Foto: Holger Leue

Foto: David Cannon

Tennis für Schwindelfreie
Himmlischer Aufschlag

Der Hubschrauberlandeplatz des Hotels Burj al-Arab in 211 Metern Höhe wird schon mal zum Centre Court: Roger Federer und André Agassi wechselten ein paar Bälle – ein Werbegag. Golfer Tiger Woods war auch da

Spielplatz für Architekten

Sein Name ist Turm

Die unteren Stockwerke des „Tower" versinken zuweilen im Küstennebel des Persischen Golfs. Mit seinen vier Friesen sieht die 243 Meter hohe Säule wie ein stilisierter Palmenstamm aus

Augen zu und runter. Im Wild Wadi Water Park geht es in Rückenlage mit Tempo 80 in die Tiefe. 23 Wasserrutschen liegen dem Jumeirah Beach Hotel zu Füßen

Sieben Sterne – ein Hotel

Ein Blick für fünfzig Euro

Im luxuriösen Hotel Burj al-Arab hat jedes Stockwerk seinen eigenen Empfangschef. Wer nicht in der Märchenherberge wohnt und sich dennoch über vergoldete Brüstungen neigen möchte, muss Eintritt zahlen

Weiße Weihnacht im Morgenland: Zum Shoppen in der „Mall of the Emirates“ gehört die Entführung ins Winterparadies von „Ski Dubai“, der größten Schneediele der Welt

Skyline am Hafen
Vor den Türmen des Reichtums

Bei Büroschluss nach Sonnenuntergang lockt die Uferpromenade zum Dinner auf der schaukelnden Dhau

Ganz Dubai ist eine Baustelle. Wer auf der Sheikh Zayed Road von Abu Dhabi kommt, steht nach Kilometern Wüste plötzlich davor: Dutzende Wolkenkratzer und ein Wald aus Kränen erheben sich am dunstigen Horizont. Wer einst dachte, der Potsdamer Platz in Berlin war eine Großbaustelle, erlebt hier neue Dimensionen. In wenigen Monaten soll das luxuriöseste Viertel der Stadt fertig sein. Mehr als 100 Hochhäuser werden dann einen Yachthafen umstellen. Die Apartments sind angeblich schon alle verkauft.

Dubai, Superlativ, der sich permanent übertrifft, Boomtown, Handelsdrehkreuz, Touristenmekka – irgendwas zwischen Utopia und Metropolis. Eine Stadt, die tatsächlich niemals schläft. Schon deshalb nicht, weil auf den Baustellen die ganze Nacht die Lichter brennen. In der Zeit, in der man in Deutschland auf die Baugenehmigung für eine Dachgaube wartet, werden in Dubai ganze Stadtteile aus dem Boden gestampft. Wer ein Jahr nicht hier war, findet sich nur noch schwer zurecht. Denn bestimmt ist eine Hauptstraße verlegt oder eine neue Ferieninsel vor der Küste aufgeschüttet worden.

Dubai ist atemlos. Schneller, greller und überdrehter als irgendeine andere Stadt im Nahen Osten. 12 000 Menschen aus aller Welt strömen jeden Monat hierher. In den zahllosen Clubs wird bis tief in die Nacht gefeiert. Am Wochenende toben Familien bei 30 Grad Außentemperatur durch den Kunstschnee von „Ski Dubai". Damit auch jeder merkt, was hier los ist, übt Golfstar Tiger Woods auf dem Hubschrauberlandeplatz des Burj al-Arab ein paar Abschläge – und die Weltpresse überschlägt sich. Eine Gegend, die stabiles Wetter, lange Sandstrände und einen Benzinpreis von 30 Cent pro Liter zu bieten hat, kommt der mitteleuropäischen Vorstellung vom Paradies schon ziemlich nahe. Aber wie nennt man dann ein Land ohne Steuerpflicht, in dem das durchschnittliche Pro-Kopf-Einkommen bei 24 000 Dollar liegt, und die Eigenheimzulage, auf die jede junge einheimische Familie Anspruch hat, in der Höhe eines mittleren Lottogewinns liegt?

Die Vereinigten Arabischen Emirate sind gerade mal so groß wie Österreich, aber sie besitzen zehn Prozent der Erdölvorkommen der Welt. Diese Gnade Allahs hat eine Gesellschaft aus Beduinen und Fischern innerhalb von 30 Jahren in die Moderne katapultiert.

Alle im Land sind sich einig: Es ist der klugen Politik des Staatsgründers Scheich Zayed zu verdanken, dass die Öl-Milliarden nicht – wie in Libyen oder im Iran – in Korruption und Günstlingswirtschaft versickerten. 1971, nach dem Abzug der Briten, schmiedete Zayed, ein Mann, der nie richtig lesen und schreiben lernte, diesen Bundesstaat aus sechs Fürstentümern (Ras al-Khaimah trat später bei). Nur einige Jahre zuvor hatten sie sich noch in Wüstenscharmützeln bekriegt. Die Machtverhältnisse im neuen Staat sortierten sich nach den Ölvorkommen. Doch Zayed regierte nach dem Grundsatz „Teile und herrsche". Eine Art orientalischer Länderfinanzausgleich sorgt dafür, dass auch die ärmeren der sieben Emirate am Ölreichtum von Dubai und Abu Dhabi partizipieren.

Und damit jeder Einheimische. Kein Staatsbürger der Vereinigten Arabischen Emirate muss seine Zeit mit einfacher Lohnarbeit verschwenden. Für das Wirtschaftswachstum sorgt ein Heer von Gastarbeitern. Handwerker aus

Treiben Sie's bunt beim Drucken, Scannen und Kopieren:

Noch bunter wird's mit 6-Farb-Druck von HP!

hp
invent

Mit dem Multifunktionsdrucker HP PS 2575 können Ihre Fotos jetzt noch besser Farbe bekennen. Denn beim Kauf dieses HP Geräts bekommen Sie eine Zusatzpatrone mit 2 weiteren Farben gratis und drucken dadurch mit 6 statt 4 Farben. Ein attraktives Angebot, das auch noch für weitere Modelle gilt.* Dieser Multifunktionsdrucker wurde von der Computerfachzeitschrift „PC Praxis" für seine hohe Qualität und sein hervorragendes Preis-Leistungs-Verhältnis ausgezeichnet.
HP. Brillant und doch so einfach.

 *Gültig für die Modelle HP PSC 1510, PSC 1610, PSC 2355 und PS 2575.

Gesichter der Macht

Hochachtung vor Hoheiten

Das Konterfei von Prinz Mohammed schmückt ein Taxi aus Abu Dhabi. Allgegenwärtig ist auch die Erinnerung an den im Januar 2006 gestorbenen Emir von Dubai

Indien und Pakistan, Ingenieure aus dem fernen Osten, Hotelfachleute und Banker aus Europa. Die Araber sind Minderheit im eigenen Land, auf jeden von ihnen kommen sechs Ausländer. Selbst in der Armee sind sie in der Unterzahl. Im täglichen Leben ohnehin. Wenn sich ein Araber in der Mall Kebab kaufen will, muss er auf Englisch bestellen, weil ihn sonst die philippinische Bedienung nicht versteht.

Das Ergebnis ist eine multi-ethnische Gesellschaft, die es in der arabischen Welt kein zweites Mal gibt. Man könnte auch sagen: ein Apartheid-Regime ohne Repression, aber mit klarer Arbeitsteilung. Einheimische sitzen an den Schaltstellen in Politik und Wirtschaft und bleiben im gesellschaftlichen Leben weitgehend unter sich. Ausländer arbeiten, zahlen Steuern und verlassen im Alter wieder das Land. Ob Börsenbroker oder Taxifahrer, wer das Rentenalter erreicht oder seinen Job verliert, muss gehen. Ob das auf Dauer durchsetzbar bleibt, ist fraglich. Doch bislang gibt es keine Pläne, Ausländer einzubürgern.

Der Zufriedenheit unter den *Expats*, wie die Ausländer hier heißen, tut das bisher keinen Abbruch. Europäer können sich einen Lebensstandard leisten, der in Europa nur für Topverdiener denkbar wäre. Und so lange selbst der indische Maurer auf der Baustelle dreimal so viel verdient wie ein Lehrer daheim in Bangalore, gibt es offenbar keinen Grund, nach Demokratie und Mitbestimmung zu rufen.

Im vergangenen Jahr zog eine große Demonstration indischer und pakistanischer Arbeiter durch die Straßen von Dubai. Sie waren seit Monaten von ihren Arbeitgebern nicht mehr bezahlt worden. Das kommt öfter vor. Da aber die Aufenthaltsgenehmigungen der Gastarbeiter an den Arbeitsplatz gebunden sind, hatten sich die Arbeiter nicht getraut, gegen solche Ungerechtigkeiten zu protestieren.

Ein solcher Massenprotest war neu für die Emirate. Für viele Beobachter galt er als Nagelprobe, wie die Regierung mit solchen sozialen Spannungen umgeht. Doch das Problem wurde nach Beduinen-Art gelöst. Scheich Mohammed bin-Raschid al-Maktoum, der Herrscher von Dubai, erklärte, er sei enttäuscht von den Baufirmen. Die Arbeiter wurden zunächst aus der Staatskasse bezahlt, die Firmen bis auf weiteres von öffentlichen Aufträgen ausgeschlossen. Die Zeitungen des Landes schreiben seit neuestem ziemlich unbekümmert über solche Themen. Noch vor kurzem galt der Grundsatz, keine Kritik am eigenen Land. Jetzt kann jeder lesen, wo es hakt. Da ist plötzlich von Hausangestellten die Rede, die wie Leibeigene gehalten werden und von Arabern, die wegen Vergewaltigung ins Gefängnis wandern. Auch die Frage, wie es gelingen könnte, mehr junge Einheimische zu motivieren, einen Job in der freien Wirtschaft anzunehmen, wird heftig diskutiert.

Vergleicht man diese Schlagzeilen jedoch mit den Krisen im Rest der Region, nehmen sie sich wie Luxusprobleme aus. Der Bürgerkrieg im Irak, Politikermorde im Libanon und der Konflikt zwischen Israel und Palästina, all das liegt nur ein paar hundert Kilometer entfernt und ist doch weit weg. „Die Emirate schwimmen wie ein Korken auf bewegter See", sagt ein Diplomat. Selbst von Terroranschlägen, die Saudi-Arabien und Bahrain getroffen haben, blieb das kleine Land bisher verschont.

Im Gegenteil. Die VAE, besonders Dubai, profitieren bisher davon. Seit dem 11. September 2001 haben westliche Unternehmen diskret ihre Nahost-Zentralen aus dem saudischen Riad nach Dubai verlegt. Reiche Iraner und Iraker wollen ihr Vermögen in Sicherheit bringen. Andere mögen nicht länger in den USA investieren. Und auch manche schwarz verdiente Million aus den ehemaligen Sowjetrepubliken hat ihren Weg in einen Immobilienfond aus Dubai gefunden. Ein deutscher Geschäftsmann sagt: „Der Westen hat noch gar nicht begriffen, welche gigantische Umverteilung des Vermögens in dieser Region derzeit abläuft."

Wer der Sheikh Zayed Road folgt, schaut auch in die Zukunft. Denn in Dubai hat die Zeit nach dem Öl längst begonnen. Ein Dutzend Freihandelszonen und einen der größten Containerhäfen der Welt gibt es schon. Der zweite Flughafen ist bald fertig. Am Strand bläht sich das Burj al-Arab wie ein gigantisches Segel. Und in der Stadt liegt die Baustelle des Burj Dubai. Der Turm soll das größte Gebäude der Welt werden. 160 Stockwerke, mindestens. Noch so ein Superlativ. Es wird wohl nicht der letzte sein. □

Benno Stieber, *freier Journalist in Karlsruhe, schreibt u. a. für die* Financial Times Deutschland. *Mehrere Reisen in die Golfregion haben ihm eine faszinierende Welt erschlossen.*

der beste Schutz vor
Wikingern
- heute morgen
entdeckt
von Familie
Kampmeier
aus Essen.

Foto: Yadid Levy

AND

In Dubai gibt es drei Dutzend Shopping Malls nach amerikanischer Art. Nicht nur Modeboutiquen locken ins Deira City Centre an der Baniyas Road

DO, BUY! HAVE FUN

Glück heißt: mit voller Tasche nach Hause schweben. Dubai ist das Gelobte Land der schönen Dinge, jede Shopping-Tour ein verführerisches Abenteuer

Text: Verena Lugert

Der Reiz des Unsichtbaren: Dessouskauf ist eine delikate Angelegenheit

Foto: Peter Bialobrzeski

KLEINE KOPIE DES ABENDLANDS

Kühl, sauber und irgendwie italienisch: Die Mercato Mall ist eine der großen Flanier- und Einkaufsmeilen Dubais

Luxus der kurzen Wege:
Von der Suite in die Boutiquen
des Hotels Burj al-Arab
ist jeder Schritt ein Erlebnis

Kennerblick in die hochkarätige Auslage im Goldviertel von Dubai: Edelmetall gibt's von der Stange, und der Preis geht nach Gewicht

ES IST alles GOLD, WAS GLÄNZT

Foto: Dorothea Schm

GROSSE WELT FÜR KLEINE LEUTE

Ausflug ins Kinderparadies: Im Spielzeugtempel sind kleine Scheichs leicht zu verwöhnen

Shoppen, bis der Kanal voll ist: Das „Madinat Jumeirah“ ist Souk und Hotel zugleich

Schuhe aus zum Gebet: Jede Mall hat ihre kleine Moschee

ICH UMKREISE DEN STAND IM SHOPPING-CENTER WAFI CITY. „CRÈME DE LA MER“, DIE TEUERSTE GESICHTSCREME DER WELT. Auf der Basis von Seetang hergestellt und von Blauwalgesängen beschallt. Eine Wundercreme für die weibliche Haut soll sie sein und sie ist mein Wunschobjekt seit vielen Jahren. Der große Porzellantiegel kostet fast 1500 Euro, für mich täte es auch ein kleiner, der in Deutschland aber mit 215 Euro auch nicht gerade billig ist. Pröbchen werden so gut wie nie rausgerückt, ein Tiegelchen mit dem Volumen einer Erbse wird bei Ebay für 30 Euro vertickt.

Wie hypnotisiert starre ich den Stand an, dann kommt Kathy, die Verkäuferin, und fragt: „Would you like a sample?“ Und schon überschüttet sie mir die offenen Hände mit Minidöschen, dass sie fast zu Boden kullern.

Ich wanke nach draußen, doch in mein Gehirn hat sich der Gedanke an die Crème de la Mer wie ein Enterhaken gebohrt. Soll ich? Oder soll ich nicht?

Eigentlich verbietet sich die Frage. Shoppen ist ein Muss in Dubai, schon der Name des Emirats verkündet den Imperativ: „Do buy!“ schnurrt er, „Do buy, du wärst dumm würdest du es lassen! So exquisit – und so steuerfrei!“ Und weil der Dirham an den US-Dollar gebunden ist, liegt der Euro ganz schwer und selbstbewusst im Portemonnaie. Außerdem lockt Dubai mit besonderen Angeboten. Einen Höhepunkt markiert das jährliche Shopping Festival im Winter (www.mydsf.com). Vier Wochen lang laufen dann die Kreditkarten heiß, bei einem Einkaufsmarathon, der zum Gesellschaftsereignis wird: Allererste Ware wird um bis zu 70 Prozent günstiger verkauft, für jeden Einkauf erhält man ein Los, mit dem man am Abend an einer Lotterie teilnehmen kann – Luxusautos gibt es zu gewinnen oder kiloschwere Goldbarren, und das jeden Tag aufs Neue. Nachts illuminieren Feuerwerke die Kunst des Konsums, internationale Stars geben Konzerte. Die Hotellerie beteiligt sich am Shopping Festival mit günstigen Angeboten, die Fluglinien gewähren wegen voller Taschen zusätzliches Freigepäck.

Allzu viel Skeptik und Gedankenschwere darf man hier nicht mitbringen. Aber wer sich auf das Einkaufserlebnis einlässt, erlebt einen wunderbaren Rausch, der einen beim Betreten jeder weiteren Mall aufs Neue befällt. Die drei Dutzend Shoppingmalls – 20 weitere befinden sich im Bau – sind keine simplen Ladenzeilen, sondern Themenparks, surreale Wunderwelten, futuristische Rummelplätze. Die „Wafi City Mall“ bietet zwischen steinernen Sphingen und unter Glaspyramiden exklusivste Designermode, die „Mercato Shopping Mall“ gibt sich als pastellbuntes Italien mit Säulenversatzstücken und arkadischer Wandmalerei.

Mittelpunkt ist die Piazza del Popolo. Dort trinken Männer in schneeweißen Dischdaschas Tee, sitzen ganze Familien vor dem Kinobesuch bei McDonald's, stecken junge Mädchen in schwarzen Abayas kichernd ihre Köpfe zusammen. In den vollklimatisierten Malls gehen Familien spazieren (draußen wäre es zu heiß), Teenager-Cliquen bereiten sich auf die saturday night vor, europäische Gastarbeiter treffen sich auf einen Cappuccino in einem der zahlreichen Starbuck-Cafés. Die Malls sind wohltemperierte Raumkapseln, in denen das soziale Leben der modernen Araber stattfindet, Begegnungsstätten, funkelnd vor Luxus und Sauberkeit.

RHAPSODIE IN TIEF BLAU

Nach dem Besuch bei Strenesse geht es ins Spa zur Hot Stone Massage, dann zum Lunch – japanisch, französisch, Cross-over-Cuisine oder panasiatisch. Danach vielleicht Skifahren. Das kann man in der monströsen „Mall of the Emirates“: Ihre Hauptattraktion, die größte Indoor-Skihalle der Welt, hat eine 25 Stockwerke hohe Betonpiste, auf der 6000 Tonnen Schnee liegen. Mehrmals täglich rieseln die Flocken, und bei draußen 45 Grad Hitze herrscht drinnen konstant frostig ein Grad unter Null. Für die tausend Wintersportler, die gleichzeitig die Piste hinunterwedeln können, gibt es Lifte und Skiverleihstationen. Auch Anorak und Pudelmütze kann der Pistenfex dort mieten, damit er sich keinen Schnupfen holt. Und im St. Moritz Café leiten die Skihasen das Après ein. Christa Kinshofer ist Präsidentin des Dubai Ski Clubs, Franz Beckenbauer ist seit kurzem Mitglied.

Die Malls sind ein großer Spaß, der nichts mit der Wirklichkeit zu tun hat. Und der gerade deswegen so rasant und konzentriert genossen werden muss wie ein Rausch. „City of Gold“ steht da, wo sich Sesam öffnet: am Eingang des Gold Souks. Klimatisiert, eng und hell erleuchtet reiht sich ein Juweliergeschäft ans andere. Wie Kesselfleisch wird dort Schmuck pfundweise verkauft, wie Würste hängen schwere Ketten von den Decken, Armreife reihen sich dicht an dicht wie Brezeln auf der Stange.

EIN RING, EIN COLLIER, EIN HERZ AUS GOLD – AUF DIE WAAGSCHALE DAMIT UND GEWOGEN!

Und noch einen drauf! Der Tagespreis für die Feinunze Gold bestimmt den Handel. Dubai ist einer der größten Edelmetall-Handelsplätze der Welt, und Gold ist hier deutlich günstiger als anderswo.

Im Gewürz Souk, einem kleinen Straßenzug mit winzigen Lädchen, findet der Hobbykoch seine Mitbringsel: Es riecht nach Zimt, Gelbwurz und Kardamon. Vanilleschoten gibt es und getrocknete Zitronen, die Reisgerichten ein unvergleichliches Aroma verleihen. Currys kiloweise und Sternanis für Centbeträge. Safran kann man mit vollen Händen aus Säcken greifen und seine filigranen Fäden durch die Finger rieseln lassen. Das kostbare Gewürz wird aus Krokusblüten gewonnen. Nur drei sattrote Fäden enthält eine Blüte, für ein Kilo Safran müssen mindestens hunderttausend dunkelviolette Krokusse gerupft werden. Deswegen ist das Gewürz teuer – und wird gern gefälscht. Um zu testen, ob die Blütennarben echt sind und nicht etwa von der Ringelblume stammen, muss man ein paar Fäden in Wasser geben. Echter Safran färbt es augenblicklich tief karmesin. Wer sicher gehen will, kauft den Safran im eingeschweißten Döschen im Supermarkt. Er ist garantiert rein – und sehr viel günstiger als daheim.

Ich stehe im Flughafen, bin wieder geblendet: Der größte und schönste Duty-free-Shop der Welt. Sein Mittelpunkt, wie ein Altar: Der Stand von „Crème de la Mer“. Und da kommt sie, die Weisung von oben, das Täfelchen rechts verspricht: „20% off“. Mein Geld rumort in der Tasche, es möchte raus und ich gebe nach. Beim Bezahlen fühle ich mich feierlich, wie beim Eintritt in einen Geheimorden. Ich nehme das Päckchen entgegen und ahne Vibrationen vom Blauwalgesang. „Fly, buy, Dubai“, steht auf dem Kassenbon. Und genau so macht man es hier. □

Verena Lugert, *Autorin und polyglotte Reisende, fiel es beim Thema Shopping schwer, die professionelle Distanz des Journalisten einzunehmen.*

Himmel unterm Dach: Malerei in der Ibn Battuta Mall

Elchtest: Das schwedische Möbelhaus hat auch am Golf seine Kundschaft

1001 NACHT IN ARABISCHEN BETTEN

In den Emiraten gibt es vielleicht nicht die besten, aber auf jeden Fall die erstaunlichsten Hotels der Welt. Und ständig werden neue gebaut

Text: Andreas Hallaschka

Wir gleiten im gemieteten Mercedes über die Corniche von Abu Dhabi und suchen das Hotel der Hotels. Rechts das Meer, links üppiges Grün und gläserne Bauten. Fast am Ende des Boulevards sehen wir den Palast. Ein morgenländisches Schloss mit mehr als hundert Kuppeln und einem Torhaus so groß wie eine Kirche. „Der Emir hat sich hier aber einen Kasten hingestellt", sage ich anerkennend, „das Ding ist bestimmt einen Kilometer lang." Aber wo ist das Hotel?

Irgendwo hier muss es ja sein. Wir suchen weiter nach dem Emirates Palace, dem teuersten, besten und überhaupt erstaunlichsten Hotel der Welt. Allmählich verläuft sich die Corniche in einem Palmenhain. Gleich müssen wir wenden.

Da sehen wir nun endlich ein Schild: „Palace" und folgen ihm bis zur Einfahrt. Aus dem Schilderhäuschen tritt ein eleganter Herr. „Entschuldigen Sie", fragen wir, „ist hier das Hotel Emirates Palace?" „Nein", sagt der Herr, ein Araber in allerfeinstem Englisch, „dies ist der Palast des Emirs" und deutet auf ein eher bescheidenes Bauwerk. „Das Hotel ist weiter oben, Sie sind daran vorbeigefahren."

Der „Emirates Palace" ist bei aller äußeren Pracht innen auf edles Understatement bedacht – sieht man einmal von der wirklich grandiosen Kuppel im Foyer ab. Trotzdem ist es ein Hotel der Superlative: 103 Fahrstühle bedienen 302 Zimmer und 92 Suiten. Unter den Angestellten aus aller Welt befinden sich allein 260 Schneider und der Room-Service wird von vier Küchen bedient. Das hoteleigene Theater hat 1200 Sitzplätze, vor dem Haus befindet sich ein 1,3 Kilometer langer angelegter Strand – und die 8000 um das Gebäude gepflanzten Dattelpalmen stammen aus Südafrika.

Dass sich der Milliarden-Bau je amortisiert, ist unwahrscheinlich. Die Investition ist eine Marketing-Ausgabe der Regierung. Schließlich dient der Palace nicht nur als Wahrzeichen, sondern auch als Konferenzzentrum der Emirate – mit sechs Privatsuiten im achten Stock des Hotels für die Herrscherfamilien.

Wenn man bedenkt, dass Abu Dhabi vor ein paar Jahrzehnten im Prinzip nur eine Art größere Sandbank war, ist die Entwicklung schier unfassbar. Im Nachbar-Emirat Dubai ist die Entwicklung seit der Jahrtausendwende sogar noch rasanter verlaufen: Dort ist in wenigen Jahren so etwas wie die Welthauptstadt der Hotellerie entstanden – in Zahl und Qualität. Etwa 290 Luxushotels mit rund 38000 Betten gibt es derzeit in Dubai. Darunter sind perfekte Business-Hotels wie das Grosvenor House oder Ferienhotels für den Strandurlaub wie das Jumeirah Beach Hotel. Und obwohl zur Zeit allein auf einer der Palmen-Inseln etwa 40 Fünf-Sterne-Hotels im Bau sind, „haben wir einen permanenten Mangel an Hotelbetten", sagt Ali Abdul-Wahab, Mitarbeiter der Tourismusbehörde. 1991 kamen 800000 Gäste aus aller Welt. 2005 waren es schon 5,8 Millionen. Insider rechnen damit, dass sich diese Zahl bis 2007 verdoppeln könnte.

Das Hotel Emirates Palace glänzt mit 115 Kuppeln und dem Ruf, das beste Haus Arabiens zu sein

Denn Dubai lockt nicht nur sonnenhungrige Europäer, Saudis mit Sehnsucht nach einem legalen Bier oder Businessleute aus Übersee. Hotels in Dubai sind Zentren des gesellschaftlichen Lebens: Nur hier gibt es gute Restaurants, Nachtlokale wie die Buddha Bar, wo die Schönen und Reichen in Maseratis und Porsche Cayennes vorfahren, Mädchen in viel zu kurzen Röcken und lockerer Moral – und Alkohol. Urlauber besuchen die diversen Hotels wie Sehenswürdigkeiten und bekommen immer neues Futter: Ein südafrikanischer Milliardär will 2007 das „Atlantis" mit rund 2000 Zimmern eröffnen. Ein Münchner Architekt plant „Hydropolis", ein 200-Zimmer-Haus vor der Küste und komplett unter Wasser. Die Kempinski-Gruppe hat angekündigt, mit dem „Emerald Palace" das „luxuriöseste Hotel in Dubai" zu eröffnen. Trotzdem sehen Szenekenner voraus, dass es in nicht allzu ferner Zeit mehr Luxushotels als zahlungskräftige Klientel geben könnte. Das würde die boomende Stadt am Persischen Golf dann auch für Normalverbraucher erschwinglicher machen.

Kein Wunder, dass die PR des einst einsam führenden Hotels Burj al-Arab („Burj" ist ein Lehnwort aus dem Deutschen, das die Kreuzritter mitbrachten: Burg) lauter geworden ist. Die Konkurrenz ist groß und oft besser. Unverdrossen ordnet die PR-Dame des Burj ihrem Hotel die Attribute „größtes", „bestes", „teuerstes" oder „luxuriösestes" der Welt zu. Tatsächlich hat es als kleinstes Zimmer eine zweistöckige Suite zu bieten, geschmacklich abgestimmt auf neureiche Russen und Araber. Es hat ein spektakulär anzusehendes Restaurant (mit gigantischem Aquarium und bedenklichem Preis-Leistungsverhältnis) und eine Bar („wir gehen hier individuell auf die Gäste ein") mit tollem Blick übers Meer. Touristen zahlen 50 Euro für eine Führung durchs Hotel. Nicht viel mehr zahlen die Pauschal-Urlauber, die hier ein, zwei Nächte im Rahmen eines Packages nächtigen dürfen und möglichst diskret im zweiten und dritten Stock verstaut werden. Denn der berühmte Burj ist weit davon entfernt, ausgebucht zu sein. So füllen All-Inclusive-Gäste in kurzen Hosen am Frühstücksbuffet die Reihen, wo das distinguierte Ehepaar rund 100 Euro extra für Tee, Toastbrot und Spiegeleier bezahlt hat. Offiziell kostet die Übernachtung zwischen 1600 und 10 000 Euro – zzgl. Frühstück. Aber im Internet bekommt man es inklusive Flug zu einem Bruchteil. Nur wenn man möchte, dass der Etagenkellner (hier Butler genannt) den Whirlpool befüllt, werden 55 Euro fällig. Wer dazu Kaviar, Champagner und Erdbeeren speisen möchte, den kostet die Befüllung der Badewanne gut 500 Euro. Stattliche Preise für ein stattliches Hotel. Aber warum sich der Kleiderhaken im Bad umdreht, wenn man versucht, seinen Bademantel darüberzuhängen, der Bügel des stummen Dieners krachend zu Boden fällt, wenn man sein Jackett ablegen möchte und die Batterie der Fernbedienung beim zweiten Umschalten den Geist aufgibt, das versteht der weitgereiste Gast nicht gleich auf Anhieb. Jedenfalls nicht der, der in Suite 1306 untergebracht war. □

Rolls-Royce-Armada des Burj-al-Arab-Hotels

Bedenkliches Preisgefüge: Restaurant mit Aquarium im Burj al-Arab

GRAND TOUR
SICILIA06
EINE REGION, DIE MANCHES ERZÄHLT

WENN EINE REISE BEGINNT, BEGINNT FÜR JEDEN VON UNS EINE GESCHICHTE: MENSCHEN AUF DER SUCHE NACH KUNST, ABENTEUER, LANDSCHAFT UND WURZELN HABEN SEIT JEHER UNSERE INSEL FÜR DIESE SUCHE AUSERKOREN UND ENTSCHEIDEN SICH AUCH HEUTE NOCH FÜR SIE. AUS DIESEM GRUND WIRD SIZILIEN 2006 NICHT NUR TOURISTEN WILLKOMMEN HEISSEN, SONDERN *REISENDE*, DIE VON VERANSTALTUNGEN, MUSIK, THEATER, LITERATUR ODER AUCH EINFACH VON LANDSCHAFT, LEBENSQUALITÄT UND SÜSSE DES DASEINS ANGEZOGEN WERDEN. SIZILIEN WIRD DIE TORE SEINER BURGEN, THEATER, MUSEEN, STÄDTE, ARCHÄOLOGIE - UND NATURPARKS ÖFFNEN UND SEIN MEER UND SEINE BERGE BEREITSTELLEN. UND ES WIRD MIT SEINEN AROMEN, FARBEN UND DÜFTEN SPRECHEN. SIZILIEN WIRD SIE 2006 AN JENE ORTE FÜHREN, DIE INSPIRATION DER *GROSSEN REISENDEN* DER VERGANGENHEIT WAREN - ES WIRD DAS JAHR DER GRAND TOUR SEIN, UND JEDER WIRD HIER SEINE EIGENE GESCHICHTE ENTDECKEN.

GANZ SCHÖN FREMD

Die Einheimischen sind eine Minderheit, 85 Prozent der Menschen in den Emiraten kommen aus aller Welt. Gesichter und Geschichten der multikulturellen Gesellschaft am Golf

Text: Benno Stieber, Fotos: Uwe H. Martin

„Die nächste Generation wird noch viel freier sein"

HAYAT AL-SHEHHI

Studentin, 23, aus Ras al-Khaimah

Natürlich habe sie von Rudi Dutschke gehört, sagt Hayat al-Shehhi und lacht. Aber sie sei ganz anders. Sie organisiert keine Studentenproteste und muckt nicht auf gegen die Obrigkeit. „Wenn wir Verbesserungsvorschläge haben, sprechen wir beim Erziehungsminister Scheich Nahyan vor", sagt sie. „Er reagiert immer sehr verständnisvoll."

Hayat al-Shehhi ist keine Revoluzzerin. **Aber es ist eine kleine Revolution, dass sie als erste Frau zum Sprecher der „National Students Union" gewählt worden ist.** Jetzt vertritt sie die Interessen aller Studenten des Landes, auch der männlichen.

Es ist noch nicht lange her, da gingen Mädchen in den Vereinigten Arabischen Emiraten nicht einmal zur Schule. „Meine Mutter kann nicht lesen und schreiben", erzählt Hayat. Aber sie habe immer gewusst, welche die beste Schule für ihre Tochter ist. Ihre Mutter ist es auch gewesen, die Hayat auf das „Higher College of Technique" schickte. Dort hat Hayat Pädagogik studiert, im Sommer, wenn alle Prüfungen vorbei sind, schließt sie mit einem Master ab.

Inzwischen gehen mehr Frauen als Männer auf die Universität des Landes. Der Staat fördert das gezielt. Spätestens seit mit Scheicha Lubna eine Frau zur Ministerin ernannt wurde, stehen Frauen auch Spitzenposten in Staat und Wirtschaft offen.

Natürlich wolle sie später Familie haben, sagt Hayat, aber eben auch nebenher arbeiten. Ihr künftiger Ehemann müsse das akzeptieren. „Wir haben heute viel mehr Möglichkeiten als unsere Mütter", sagt Hayat und zupft ihre Abaya zurecht. Inzwischen gebe es in den Schulen sogar gemischte Klassen. „Die nächste Generation wird noch viel freier sein." Hayat ist sich da ganz sicher.

„Im Moment zieht uns nichts nach Deutschland"

„In Asab wird es noch lange Öl geben"

HANNES WERNER

Architekt, 35, aus Berlin

Seit einem Jahr ist Hannes Werner jetzt in Dubai. Ein Jahr, in dem er gelernt hat, dass man im Sommer den Boiler abschaltet, weil das Wasser im Tank auf dem Bungalowdach dann ganz von selbst heiß wird. Er weiß, wo man als Europäer Wein und Bier einkaufen kann, und wie man sich morgens und abends am besten durch den mörderischen Berufsverkehr schlägt. Und die beste Zeit für Besprechungen im Büro kennt er inzwischen auch: Donnerstagnachmittag, dann beginnt das arabische Wochenende und endlich klingelt mal kein Telefon.

Hannes Werner ist sozusagen ein alter Hase in Dubai. Das geht schnell in einer Stadt, die sich permanent häutet. **Jeden Monat kommen 12 000 Menschen neu nach Dubai. „Wie lange bist du schon da, wann gehst du wieder weg?"** Das sind die typischen Fragen, wenn sich zwei Europäer hier treffen.

„Dubai ist permanenter Wandel. Die Geschwindigkeit in der Stadt ist unglaublich", sagt Werner und rückt die markante Architekten-Brille zurecht. Er ist Geschäftsführer in einem Büro für Innenarchitektur. Im Moment betreuen er und seine Mitarbeiter 28 Projekte gleichzeitig: Hotels, Villen, Apartments. Der Bedarf ist riesig, die Preise für normale Wohnungen sind höher als in Paris oder London. Eigentlich bräuchte er mehr Mitarbeiter, sagt Hannes Werner. Aber es gibt nicht genug. So werden seine Arbeitstage immer länger. Der einzige freie Tag ist der Freitag.

Vor ein paar Monaten sind seine Frau und die drei Töchter aus Berlin nachgekommen. Das bringe ein bisschen Normalität in sein Leben, sagt Hannes Werner. Wird er auf Dauer bleiben? „Wer weiß, im Moment zieht uns jedenfalls nichts nach Deutschland."

HASSAN ASWARD

Ingenieur, 53, aus Palästina

Hassan Asward liebt die Wüste. Und das ist auch besser so, denn er muss die meiste Zeit dort verbringen. Draußen in der Rub al-Khali auf dem Asab-Ölfeld, zwei Autostunden entfernt von Abu Dhabi. Mitten im Nichts.

Hassan war dabei, als die großen Ölvorkommen in den Emiraten erschlossen wurden. Er kam frisch von der Universität in Kairo und stand ganz vorne am Bohrloch. **Das Öl sprudelte damals wie von selbst aus dem Boden, erinnert sich Hassan. Heute wird es mit Wasserdruck aus den 430 Bohrlöchern gepresst.** „Aber keine Angst", sagt er, „in Asab wird es noch lange Öl geben". 100 000 Fässer fördern sie hier jeden Tag.

Während in Dubai die Vorräte langsam knapp werden, schätzt man die Ölvorkommen im Emirat Abu Dhabi auf 92 Milliarden Barrel. Das bedeutet Öl für die nächsten hundert Jahre und Wohlstand, der mindestens ebenso lange anhalten wird. Die Emirate verfügen über die fünftgrößten Ölvorkommen der Welt. Ohne dieses Geschenk wäre der Bundesstaat ein bedeutungsloses Entwicklungsland. So wie Hassans Heimat Palästina. „Dort gibt es wenig Hoffnung", sagt er. Hier sei das ganz anders.

Das Asab-Ölfeld gleicht einem Hochsicherheitstrakt. Weit hinter dem Sicherheitszaun züngeln die Flammen der Bohrtürme. Wer nicht auf dem Gelände arbeitet, darf es nur mit Genehmigung des Ministeriums betreten. Die Arbeit sei hart, sagt Hassan, besonders im Sommer, wenn es hier 60 Grad heiß wird. Immerhin haben sie einen Swimmingpool auf dem Gelände und klimatisierte Räume. Hassan liebt die Wüste. Er sagt, sie sei sein Leben. Aber nach einer Woche Schicht ist er froh, wenn er nach Hause darf. Zu seiner Familie nach Abu Dhabi.

„Dubai wird nur eine Episode in meinem Leben sein"

„Vielleicht bleibe ich noch einmal zehn Jahre"

CHANG JIE-LI

Prostituierte, 24, aus China

Mädchen wie Jie-Li gibt es eigentlich nicht in den Emiraten. Es darf sie nicht geben, in einem Land, in dem islamisches Recht den Alltag bestimmt. Mädchen wie Jie-Li aber sieht man in jeder der unzähligen Hotelbars von Dubai und Abu Dhabi. Manchmal wird man von ihnen auf der Straße angesprochen. **Nirgendwo sonst in der arabischen Welt findet Prostitution so offen statt wie in den Vereinigten Arabischen Emiraten.** Mädchen wie Jie-Li sind da für das Heer von Arbeitern und Taxifahrern aus Indien und Sri Lanka, die über Monate oder Jahre getrennt von ihren Familien leben. Für die Männer von den Ölplattformen und für Geschäftsleute, die nur ein paar Wochen in den Emiraten bleiben. Auch die Emiratis wissen, wo Mädchen wie Jie-Li zu finden sind.

In China habe sie in einer Wechselstube gearbeitet, erzählt Jie-Li. Das wollte sie auch in den Emiraten tun. Doch die Stelle war nur ein leeres Versprechen. Eine Freundin habe ihr dann gezeigt, wie man hier trotzdem Geld verdienen kann. Jetzt sitzt sie Abend für Abend in einer Hotel-Bar, die bei den Einheimischen spöttisch „Chinese Take-Away" genannt wird. Sie arbeite auf eigene Rechnung, sagt Jie-Li. Für 80 bis 140 Euro die Nacht. Zehn Euro gehen an das Hotel, damit sie in der Bar auf Kunden warten darf. Jie-Li sagt, sie mag ihre Arbeit nicht.

In den Zeitungen kann man lesen, dass die Polizei jetzt konsequenter gegen Prostitution vorgehen will. Auch in den Emiraten breitet sich das Aids-Virus aus. Jie-Li will bald wieder zurück nach China. Wenn sie genug Geld verdient hat, spätestens, wenn ihr Visum abläuft. Das Ticket habe sie schon, sagt Jie-Li und hofft: „Dann war das hier nur eine Episode in meinem Leben."

SIVI KAUMEAR

Schreiner, 32, aus Rajasthan (Indien)

Sivi sieht Räume, die sonst keiner sieht. Tag für Tag sägt er Holzvertäfelungen in Palästen, versiegelt zusammen mit den Kollegen das Parkett in den Wochenendhäusern der Herrscherfamilien. Sivi ist Schreiner der Scheichs. Auf einer Privatinsel haben sie neulich eine Villa mit einem Fitness-Studio ausgestattet. Das hat Wochen gedauert, erzählt er. Am Ende haben sich die Männer stolz vor der Sprossenleiter aus edelstem Holz fotografiert. Sivi zeigt die Bilder. Wem die Villa gehört? Er habe keine Ahnung, sagt er. Selbst wenn, er dürfte es nicht verraten.

Abends geht es dann wieder zurück in die schäbige Unterkunft. Drei Betten pro Zimmer, der Putz bröckelt von der Wand. Im Gemeinschaftsraum stehen nur ein großer Tisch und ein paar Stühle. Die Wäsche hängt tropfnass über Holzbalken. Zu neunt wohnen sie dort: Hindus, Christen und Moslems. Sivi sagt: „Wir verstehen uns gut. Wir haben keine Probleme miteinander." Abends sitzen sie vor dem kleinen Bildschirm und schauen Bollywood-Filme auf DVD.

Fast 300 Euro verdient Sivi im Monat. Die Kosten für Verpflegung, Unterkunft und Krankenversicherung übernimmt sein Arbeitgeber. **Gutes Geld sei das, sagt er. Immerhin dreimal mehr als ein Lehrer zu Hause in Indien verdient. Zwei Drittel davon schickt Sivi jeden Monat seiner Frau und seinem Sohn.** Die beiden sind in Rajasthan geblieben. Sivi sieht sie nur alle zwei Jahre für gerade mal zwei Monate.

Fünf Jahre geht das schon so, erzählt Sivi. Wie lange noch? „Vielleicht noch einmal zehn", sagt er. Dann habe er genug gespart, um aus der Schreinerwerkstatt seines Vaters ein kleines Unternehmen zu machen. Sivi lächelt. Daheim in Rajasthan ist er dann ein wohlhabender Mann.

„Meine Kirche ist immer voll"

PAUL HINDER

Bischof, 64, aus der Schweiz

Abends, wenn es dunkel wird, schließt der Bischof das Fenster. Dann dröhnt der ohrenbetäubende Gebetsruf des Muezzins von der Moschee gleich nebenan direkt in sein Büro. „Ja, daran muss man sich erst gewöhnen", sagt Bischof Paul Hinder und lächelt.

Etwas außerhalb von Abu Dhabi, eingequetscht zwischen der prächtigen Scheich-Mohammed-Moschee und dem ausladenden Rohbau der koptischen Kirche, liegt die katholische Kathedrale St. Joseph's. Ein schmuckloser Bau mit Flachdach. Kein Kirchturm, keine Glocken, nicht einmal ein Kreuz an der Fassade: der Sitz des Bischofs von Arabien.

Mit 64 Jahren ist Paul Hinder in der Diaspora angekommen. Davor war der Schweizer Kapuzinerpater lange Jahre für seinen Orden in Rom. „Wie die Jungfrau zum Kinde" sei er zu dem Amt im Abu Dhabi gekommen, sagt der Bischof lächelnd. Zur Amtseinführung schrieb ihm ein Amtsbruder aus Deutschland: „Ich weiß zwar nicht, was Du dort unten machst, aber ich wünsche Dir Gottes Segen."

Er kann ihn brauchen. Paul Hinder betreut einen Sprengel, der die ganze Arabische Halbinsel umfasst und in dem weit über 95 Prozent der Bevölkerung Moslems sind. Christliche Bekehrung ist streng verboten. **In Saudi-Arabien dürfen die Christen nicht einmal Gottesdienste abhalten. Die Lage in den Vereinigten Arabischen Emiraten und den kleineren Golfstaaten sei glücklicherweise besser, sagt Hinder.** Nur mit dem Hofzeremoniell der Scheichs tut er sich schwer. Hinder schüttelt den Kopf: „Ich bin doch Schweizer Demokrat." 10 000 Mitglieder aus 90 Nationen zählt seine Gemeinde in Abu Dhabi. Täglich gibt es Gottesdienste auf Hindi, Englisch und Portugiesisch. Die Kirche sei immer voll, freut sich Paul Hinder.

„Die Kundinnen kommen mit Fotos von Versace-Kleidern"

PAULINA GRAUS, KRISTINA PLANCKH

Unternehmerinnen, 36 und 37, aus Österreich

Was trägt die Frau von Welt unter ihrer schwarzen Abaya? Die Antwort kennen Paulina Graus und Kristina Planckh ganz genau. Sie entwerfen Kleider, die kein fremdes Männerauge je zu Gesicht bekommen wird. Denn in den farbenfrohen Roben mit kunstvollen Strass-Applikationen, für die „Elisabeth Fashion" bekannt ist, zeigen sich die arabischen Kundinnen allein ihren Ehemännern.

Einmal gab es den Auftrag, ein Kleid zu entwerfen, das von den Schultern gleiten soll, sobald man an einem Band zieht. Die Frauen lachen: „Daran haben wir lange getüftelt."

„Die meisten Kundinnen kommen mit Zeitschriftenfotos von Versace-Kleidern oder Armani-Roben", sagen Paulina und Kristina. Manchmal dient auch eine neue Handtasche als Vorlage. 2500 Euro kostet das günstigste Modell. Die Kundschaft kann es sich leisten. „Elisabeth Fashion" ist Hoflieferant. Auch die Frauen der Präsidentenfamilie lassen hier auf Maß schneidern.

Vor über zehn Jahren sind Paulina Graus und Kristina Planckh aus Österreich in die Emirate gekommen, ohne einen Knopf annähen zu können. Paulinas Schwester hatte die Schneiderei von einem Araber übernommen. Das Schneidern haben sie bis heute nicht gelernt. Die Frauen kümmern sich um das Geschäftliche, die Handarbeit macht ein Team indischer Schneider.

Das Telefon klingelt. Ein neuer Blazer, bis morgen früh? Kristina Planckh stöhnt. „Warum müssen Sie mir immer Kopfschmerzen bereiten?", fragt sie ihre Kundin am anderen Ende. Es ist die Frau eines Scheichs. Dann legt sie auf und ruft einen der Schneider. Natürlich wird der Blazer rechtzeitig fertig. Wenn alles gut geht, schon heute Abend. Bei einer Scheicha als Kundin gibt es kein Nein. □

„Burj Dubai“ soll das höchste Gebäude der Welt werden. 700 Meter? 800? Das bleibt vorerst geheim, damit niemand diesen Rekord bricht

Der Turmbau zu

Dubai

Dubai ist der Welt größter Betonverschwender. Tagaus, tagein wachsen Wohntürme, Hotels und Villen aus dem Sand, aus Wüsten werden paradiesische Parks. Und immer gilt der Grundsatz: höher, teurer, glanzvoller

Text: Ulrike Putz

© Emaar

Träume aus Sand

im Meer

1 **The Palm, Jumeirah**
2 **The Palm, Jebel Ali**
3 **The Palm, Deira**
4 **The World**
5 **Jumeirah Islands**
6 **Jumeirah Lake Towers**
7 **The Gardens**
8 **Ibn Battuta Mall**
9 **Discovery Gardens**
10 **Jumeirah Village**
11 **The Lost City**
12 **Jumeirah Golf Estates**
13 **International City**
14 **Dubai Waterfront**

Gigantomaner Schöpfungsplan:
An 70 Kilometern Küstenlinie entstehen u. a. Inseln in Palmenform (1-3) und eine ganze neue Welt aus künstlichen Eilanden (4). Der Meeresarm, der links im Bild in großem Bogen durch die Wüste sticht, ist ebenso künstlich wie die zwei riesigen Hafenbecken unterhalb von (2), der Meeresarm rechts der Dubai Creek, ist dagegen natürlich. An seiner Mündung liegt auf einer Halbinsel die Altstadt von Dubai. Das größte Projekt ist die Dubai Waterfront (14) an der Grenze zu Abu Dhabi. Hier muss 15-mal mehr Erde bewegt werden als einst für den Bau des Suezkanals. Die übrigen Zahlen kennzeichnen Großprojekte der staatlichen Baugesellschaft Nakheel, darunter Parks, Einkaufs- und Handelszentren und Wohnanlagen wie die Lost City, die afrikanische und asiatische Baustile pflegt.

Jeder will in den Himmel

In der bombastischen Tulpe, die im künftigen Zentrum von „Palme“ Jumeirah aufspringt, will der amerikanische Unternehmer und Bauillusionist Donald Trump ein Apartmenthotel einrichten

Größter Freizeitpark der Welt

Raketenoldies und ihre Triebwerke sind noch immer die attraktivsten Abenteuerspielzeuge der Menschen. Imitate der Himmelfahrtsveteranen sollen die Massen ins gigantische Dubailand locken

Grund und Boden aus Kanonen

Ein Schwimmbagger schüttet Sand auf für eine der drei Inseln, die wie Palmen im Meer liegen sollen

Von oben sieht es aus, als wolle Gott die Welt noch einmal erschaffen. Endloses Wasser glitzert in der Morgensonne, als plötzlich Inseln im Meer auftauchen, wie vom Schöpfer mit großzügiger Hand ins Blau gestreut. Doch dann formt sich der Sand zu Ländern und Kontinenten, zur ganzen Welt.

Als die Maschine zum Landeanflug auf den Flughafen von Dubai ansetzt, verblasst die Illusion vom göttlichen Schaffen. Dann erkennt man die Schwimmbagger, die Land aufschütten, das einmal eine der besten Adressen dieses Planeten werden soll. Aus 300 künstlichen Inseln wird dort unten The World zusammengepuzzelt, eine Miniaturwelt vor der Küste. Auf neun mal sechs Kilometern wird der Globus nachgebildet und soll schon 2008 bezugsfertig sein. Dann kann wohl auch das sieben Fußballfelder große Eiland „Deutschland" besiedelt werden, auch wenn sich bislang noch niemand fand, dafür 24 Millionen Euro aufzubieten.

Glaubt man den Visionen des Investors, wird das Leben in dieser neuen Welt paradiesisch. In Parks, Restaurants und Marinas sollen die Einwohner dem Müßiggang frönen und sich bei Sonnenuntergang gegenseitig transkontinentale Besuche abstatten: Von „Tschetschenien" bis „Uruguay" werden es per Motoryacht nur ein paar Minuten sein.

Für die Genesis aus Menschenhand bleiben den Emiratis jedoch nur noch zwei Jahre Zeit. Noch ist schleierhaft, wie das klappen soll. Doch bislang sind die Bauherren von Dubai noch immer fertig geworden mit ihren gigantischen Projekten. Und jedes Mal, wenn zur Einweihung wieder ein Seidenband durchschnitten wurde, hat das Emirat dafür genau das bekommen, worauf es so erpicht ist: Schlagzeilen weltweit.

Den Anfang machte 1999 das „Burj al-Arab", das Luxushotel, das aussieht, als sei ein gläsernes Segelschiff an den Strand des Stadtteils Jumeirah gespült worden. Der „Turm der Araber" wurde zum Wahrzeichen des Emirats. Die Landesfürsten begriffen, dass opulente Hotels, verwunschene Pool-Landschaften und künstlich geschaffenes Gassengewirr das probate Mittel sind, um Touristen in ihre eher öde Stadt zu locken. Und Besucher braucht Dubai, um die Wirtschaft in Schwung zu halten, wenn das Öl einmal versiegt sein wird. Ebenso wohlhabende Ausländer, die die Vorzüge eines steuerfreien Erstwohnsitzes schätzen und sich dauerhaft am Golf niederlassen wollen.

Also wird gebaut, und wie: Mit dem „Burj Dubai" wächst an der Sheikh Zayed Road das höchste Gebäude der

Vom Portier in New York zum erfolgreichen Hotelmanager: Nasser al-Nowais

ZUM LUNCH BEI MR. NASSER

Luxusleben hinter hohen Mauern. MERIAN blickte in den Alltag der Männer von Abu Dhabi, die am liebsten unter sich bleiben

Text: Benno Stieber, Fotos: Uwe H. Martin

Mister Nasser lädt ein, wir sollten ihn nicht warten lassen. Kutti, sein indischer Fahrer, gibt jedenfalls Gas. Er steuert die grüne Limousine mit quietschenden Reifen über die staubigen Straßen von Abu Dhabi. Es ist Freitag, arabisches Wochenende, der Verkehr hält sich zum Glück in Grenzen. Am Fenster fliegen weißgekalkte Villen-Fassaden vorbei und Kutti erzählt. Immer freitags, sagt er, nach dem Moschee-Besuch, lädt Mr. Nasser die Familie zum Lunch. Die Brüder, die Cousins, all die Neffen und Enkel. „Mr. Nasser sagt, das stärkt die Familienbande", erklärt Kutti. Über 40 Personen werden heute erwartet. Die Frauen nicht mitgerechnet, sie speisen extra. Sogar der Imam sei unter den Gästen, sagt er, eine besondere Ehre. Kutti schwitzt. Schon zehn Minuten über der Zeit. Endlich biegen wir in eine Toreinfahrt. Vor dem Mamorportal steht ein weißer Bentley.

„Kommen Sie zum Lunch", hatte Nasser al-Nowais gesagt und charmant gelächelt. Er saß hinter dem Schreibtisch seines Büros im zehnten Stock. Neben seinem Schreibtisch standen Fotos, die ihn zusammen mit Scheich Zayed zeigen, dem legendären Staatsgründer, mit Kofi Annan und mit George Bush – allerdings dem Älteren. „Also bis Freitag", sagte Nasser.

Familienlunch im Hause al-Nowais ist eine Gelegenheit, einen Blick hinter die hohen Mauern zu werfen, die gewöhnlich die arabischen Familien schützen, eine abgesonderte Gesellschaft im eigenen Land. Man lebt in eigenen Stadtvierteln, heiratet untereinander. Bürger der Emirate wird man nicht, das ist man – durch Geburt. Die stolzen Stammbäume der Nowais, Quassimi oder Qubeissi reichen weit zurück. Die Dynastien sind es, die die Geschicke des Landes lenken.

Nasser al-Nowais gehört zur Gründergeneration seines Landes. Aufgewachsen vor dem Ölboom, war er unter den ersten, die in den sechziger Jahren zum Studieren nach New York geschickt wurden. Damals war Abu Dhabi nicht mehr als ein Dorf aus Lehmhütten. Nasser studierte Ökonomie an der New York University und jobbte als Portier. Die Jahre in Amerika, sagt er, hätten ihn Geduld und Toleranz gelehrt.

In Abu Dhabi ging es derweil dank des Erdöls bergauf. Nach seiner Rückkehr wurde der junge Mann sofort Chef eines Entwicklungshilfefonds und Staatssekretär – gleichzeitig. Gut ausgebildete Leute waren in den Emiraten selten. Heute ist Nasser al-Nowais ein mächtiger Mann. Er führt eine der größten Hotelketten

400 000 neue Wohnungen bis 2010

Villa mit Hubschrauberlandeplatz auf einer der 300 Inseln von „The World", der Nachbildung des Planeten Erde

Immobilien auf dem Stamm einer Palme: Beckham und Becker haben sich hier schon eingekauft

Ein Stadion genügt nicht, drei sollen es sein. Und ein Autodrom sowie Golfplätze gehören zur Sports & Outdoor World

Die Helden des Booms: Bauarbeiter warten nach Schichtwechsel auf den Bus, der sie in ihre Wohnheime bringt

Welt aus dem Sand, drei Stockwerke am Tag schafft der Bautrupp angeblich. Wie hoch der Turm wirklich werden soll, 150 Etagen oder 170, 700 Meter oder 800, ist noch geheim – kein anderes aufstrebendes Land soll sich angespornt fühlen, die Emiratis zu übertrumpfen. Fest steht, dass um den Fuß des Wolkenkratzers eine neue „Altstadt“ entstehen wird. Schon 2008 sollen die ersten Bewohner in den „Burj Dubai“ einziehen. Wenn sie schwindelfrei sind, werden sie eine einmalige Aussicht genießen können: Hinter ihnen wird die Wüste liegen und vor ihnen, im azurblauen Wasser des Golfs, eine von Menschenhand geschaffene Welt.

Neben The World werden drei neue Stadtviertel wie liegende Palmen in den Golf ragen, auf jeder „Palme“ werden Tausende eine Villa mit Privatstrand ihr Eigen nennen. Wer des Arabischen mächtig ist, wird die Palme am Jebel Ali lieben: Dort sind Eilande wie Schriftzeichen gestaltet und ergeben aus der Luft gelesen ein Poem, das Seine Majestät Scheich Mohammed persönlich verfasst hat: „Suche Weisheit bei den Weisen. Nicht jeder, der reitet, ist auch ein Jockey.“

Doch schon beflügelt eine neue Vision des Scheichs die Planer: Dubai Waterfront. Die Küste soll bis 2010 um das Zwölffache verlängert werden und 750 000 Menschen eine Heimat bieten. Auf einem 75 Kilometer langen Arabian Canal werden Schiffe durch die Wüste fahren, Touristen und Einheimische ab 2008 ins Dubailand strömen, einen Vergnügungspark mit Regenwald, Saurierpark, 55 Hotels und der Mall of Arabia, dem – wieder mal – größten Einkaufszentrum der Welt. Eine Sports City soll olympische Stadien, die weltgrößte Skihalle und diverse Rennstrecken versammeln. Doppelt so groß wie Disneyland in Florida wird Dubailand einmal sein. Und damit all die Attraktionen auch gut besucht werden, soll die Jebel Ali International Airport City ab 2010 jährlich 120 Millionen Passagiere abfertigen, mehr als zweimal so viele wie Frankfurt. Das zu erwartende innerstädtische Verkehrschaos hat die Dubai Metro zu bewältigen, allerdings erst ab 2012.

Klotzen für 300 Euro im Monat

Für die Menschen im heutigen Dubai ist diese Zukunftsmusik vor allem von Baustellenlärm überdröhnt. Kilometerlang säumen Hochhausrümpfe die Straßen, Kräne wuchten Bauteile in den Himmel, Lastwagenkolonnen bremsen den Verkehr aus. Doch das Absurde am Bauboom von Dubai ist, dass die meisten Projekte bislang nur als grober Masterplan existieren, garniert mit ein paar bunten Bildern in Airbrush-Optik. Den Luxus, den sie kaufen sollen, erleben Interessenten nur in klimatisierten Investorbüros. Eines davon liegt an der „Wurzel“ der ersten Palme in Jumeirah. Pfauen stolzieren über die Einfahrt, Wasserspiele plätschern. In den Verkaufsräumen, ausgestattet wie ein kleiner Palast, duftet es verführerisch. Selbst auf der Kleenex-Schachtel prangt eine Palme, doch von Bau- und Lageplänen der feilgebotenen Villen ist nirgendwo auch nur ein Strich zu sehen. Stattdessen laufen sonnige Imagefilme, ein utopisches Modell zeigt eine Phantasiestadt.

„Sehr gutes Marketing, aber wenig Substanz“, sagt Mathieu Lotto, ein Tourismus-Manager aus Lausanne. Mit ein paar Kollegen ist er eingeflogen, um die Strategien von Geschäftspartnern in Dubai zu begutachten. Jetzt stehen die Schweizer vor phantasievollen Illustrationen. „Die Araber verkaufen sich exzellent“, sagt Lotto. „Nur können sie nicht erklären, warum wir nicht auf die Palme rauf dürfen.“ Tatsächlich stehen die ersten Rohbauten auf dem Palmenstamm nur 200 Meter entfernt.

„Eins der größten Hindernisse in den Emiraten ist die mangelnde Transparenz“, sagt auch Ronald Hinchey. Der Brite arbeitet seit 1981 als Immobilienmakler in Dubai. Seit 2002 das Gesetz geändert wurde und auch Ausländer kaufen dürfen, floriert das Geschäft. Hinchey berät Großinvestoren und hat dabei auch schon mal mit Osteuropäern zu tun, die „ein ganzes Vermögen von der Bildfläche verschwinden lassen wollen“.

Die Verschlossenheit der Araber habe dazu geführt, dass die aberwitzigsten Gerüchte kursierten: „The World“ sei ein gigantischer Flop, der Sand der Inseln nicht stabil genug, um bebaut zu werden. Das Wasser zwischen den Ästen der „Palmen“ sei brackig,

Zum Apartment ein Jaguar gratis

weil es nicht richtig zirkuliere. Hartnäckig hielt sich auch das Gerede, dass der Bau der dritten, größten Palme in Deira mangels Nachfrage komplett abgeblasen werde. Zwar dementierte der staatliche Bauträger Nakheel offiziell, doch „so etwas schreckt Käufer ab", sagt Hinchey.

Für den Briten ist Dubais Bauwirtschaft gesund. Nach der Euphorie komme jetzt die Ernüchterung, das sei normal. „Das ist eine natürliche Korrektur. Nachdem Investoren in den vergangenen Jahren unvorstellbare Gewinne gemacht haben, konsolidiert sich der Markt jetzt." Dubais Immobilienmarkt ist keine Seifenblase kurz vor dem Platzen. Er gleiche, so Hinchey, eher einem Heißluftballon, aus dem etwas Luft abgelassen werde. „Als Makler hoffe ich aber, dass der Ballon noch lange fliegt. Als Wahl-Dubaier wünsche ich mir, dass nach den Investoren nun die Leute kommen, die tatsächlich in den Apartments wohnen wollen, die sie kaufen."

Von den Zeiten des Goldrauschs hört man abends in den Hotelbars der Stadt. Zeiten, in denen eine nicht sonderlich luxuriöse Wohnung schon 16 Zwischenbesitzer reich gemacht hatte, bevor überhaupt die Baugrube ausgehoben war. Zeiten, in denen es passierte, dass man eine Wohnung mit Meerblick bezahlte und später feststellen musste, dass das Gebäude um 90 Grad gedreht worden war, so dass der Blick aufs Nachbarhochhaus ging. Was aber kaum jemand störte, weil ohnehin keiner der Käufer in die lieblos zusammengezimmerten Wohntürme einziehen wollte. Es ging allein ums Geschäft.

Millionenschwere Investoren standen damals, so die Legende, persönlich in der Käuferschlange an, um unbesehen Villen in neuen Erschließungsprojekten zu erwerben, irgendwelche Villen, Hauptsache, sie brachten beim Weiterverkauf Gewinn. Solche Exzesse sind vielleicht zwei Jahre her. Die Ankauf-und-Verkauf-Schraube hat sich seitdem festgefressen – die imaginären Objekte wurden durch die vielen Verkäufe so teuer, dass sich irgendwann keine Interessenten mehr fanden. Um die Kauflust wieder anzustacheln, greifen Makler heute zu bizarren Mitteln: Zum Apartment gibt es bei einem Anbieter eine Jaguar-Limousine gratis dazu.

Die Bau- und Immobilienwirtschaft macht heute fast ein Viertel des Bruttoinlandsprodukts von Dubai aus. Die Branche ist in Gefahr, sich selbst zu überholen: Beim örtlichen Fliesenhändler sind bis Ende 2007 gute Badezimmerkacheln ausverkauft, Luxus-Waschbecken gibt es auch keine mehr und der Betonstahl wird knapp.

Aber Dubai braucht Wohnraum. Monatlich ziehen 12 000 Menschen hierher, Ingenieure aus dem Westen, Handwerker aus Asien. 1,4 Millionen Einwohner hat das kleine Emirat derzeit, über drei Viertel sind Gastarbeiter. Bis zum Jahr 2010 sollen zwei Millionen Menschen hier leben, nach Prognosen müssten bis dahin 400 000 Wohnungen neu entstanden sein. Rund 300 Wohnhochhäuser sollen demnächst dicht an dicht die Skyline dominieren, das deckt jedoch gerade den Bedarf. Besonders begehrt sind die Eigentumswohnungen bei Iranern, Saudis und Palästinensern. Sie wollen einen sicheren Hafen für stürmische Zeiten, schließlich könnte sich die Situation in ihrer Heimat jederzeit verschlechtern.

Und dann ist da noch die andere Seite des Baubooms. Sie wird abends sichtbar, wenn die Sonne untergeht. Das anspringende Flutlicht markiert den Schichtwechsel auf den Großbaustellen. Hunderte von Pakistanis, Chinesen, Bangladeschern stehen dann abgekämpft am Straßenrand. In geordneten Reihen, die Overalls staubig, warten sie darauf, in ihre Wohnheime gefahren zu werden. Zu sechst, zu acht teilen sie sich dort einen Schlafraum. Für ihre Schwerarbeit verdienen die Männer rund 300 Euro im Monat – in einem Land, dessen jährliches Pro-Kopf-Einkommen mit rund 20 000 Euro Weltklasse ist.

Dennoch sind die meisten zufrieden, sagt ein deutscher Architekt, der vor allem Pakistanis beschäftigt: „Wenn diese Männer nach ein paar Jahren nach Hause zurückkehren, können sie sich eine Wohnung, vielleicht ein Stück Land kaufen. Das schaffe ich in Deutschland nicht, so sehr ich auch spare." □

Ulrike Putz *bereist häufig den Nahen Osten und berichtet über den rasanten Wandel vor allem in den Emiraten.*

Durch die City of Arabia stampfen computerbewegte Dinosaurier und wecken Jurassic-Park-Feeling

Wer nach Dubai kommt, hat fast alle Highlights der Welt zu seinen Füßen liegen – auch die Gondelstadt Venedig

Vom Portier in New York zum erfolgreichen Hotelmanager: Nasser al-Nowais

ZUM LUNCH BEI MR. NASSER

Luxusleben hinter hohen Mauern. MERIAN blickte in den Alltag der Männer von Abu Dhabi, die am liebsten unter sich bleiben Text: Benno Stieber, Fotos: Uwe H. Martin

Mister Nasser lädt ein, wir sollten ihn nicht warten lassen. Kutti, sein indischer Fahrer, gibt jedenfalls Gas. Er steuert die grüne Limousine mit quietschenden Reifen über die staubigen Straßen von Abu Dhabi. Es ist Freitag, arabisches Wochenende, der Verkehr hält sich zum Glück in Grenzen. Am Fenster fliegen weißgekalkte Villen-Fassaden vorbei und Kutti erzählt. Immer freitags, sagt er, nach dem Moschee-Besuch, lädt Mr. Nasser die Familie zum Lunch. Die Brüder, die Cousins, all die Neffen und Enkel. „Mr. Nasser sagt, das stärkt die Familienbande", erklärt Kutti. Über 40 Personen werden heute erwartet. Die Frauen nicht mitgerechnet, sie speisen extra. Sogar der Imam sei unter den Gästen, sagt er, eine besondere Ehre. Kutti schwitzt. Schon zehn Minuten über der Zeit. Endlich biegen wir in eine Toreinfahrt. Vor dem Mamorportal steht ein weißer Bentley.

„Kommen Sie zum Lunch", hatte Nasser al-Nowais gesagt und charmant gelächelt. Er saß hinter dem Schreibtisch seines Büros im zehnten Stock. Neben seinem Schreibtisch standen Fotos, die ihn zusammen mit Scheich Zayed zeigen, dem legendären Staatsgründer, mit Kofi Annan und mit George Bush – allerdings dem Älteren. „Also bis Freitag", sagte Nasser.

Familienlunch im Hause al-Nowais ist eine Gelegenheit, einen Blick hinter die hohen Mauern zu werfen, die gewöhnlich die arabischen Familien schützen, eine abgesonderte Gesellschaft im eigenen Land. Man lebt in eigenen Stadtvierteln, heiratet untereinander. Bürger der Emirate wird man nicht, das ist man – durch Geburt. Die stolzen Stammbäume der Nowais, Quassimi oder Qubeissi reichen weit zurück. Die Dynastien sind es, die die Geschicke des Landes lenken.

Nasser al-Nowais gehört zur Gründergeneration seines Landes. Aufgewachsen vor dem Ölboom, war er unter den ersten, die in den sechziger Jahren zum Studieren nach New York geschickt wurden. Damals war Abu Dhabi nicht mehr als ein Dorf aus Lehmhütten. Nasser studierte Ökonomie an der New York University und jobbte als Portier. Die Jahre in Amerika, sagt er, hätten ihn Geduld und Toleranz gelehrt.

In Abu Dhabi ging es derweil dank des Erdöls bergauf. Nach seiner Rückkehr wurde der junge Mann sofort Chef eines Entwicklungshilfefonds und Staatssekretär – gleichzeitig. Gut ausgebildete Leute waren in den Emiraten selten. Heute ist Nasser al-Nowais ein mächtiger Mann. Er führt eine der größten Hotelketten

Junge Clanmitglieder vor einem Kunstwerk nach Motiven von Anno dazumal: Ali Jassim al-Nowais zeigt seinen Cousins auf dem Handy Fotos vom Sommerurlaub am Tegernsee

Warten aufs Familientreffen: Abdullah (2. v. l.) und seine Söhne

Dart und Bier: Zeitvertreib der Frührentner im British Club

des Nahen Ostens. Aber das Wochenende gehört der Familie.

„Hallo, my friends!", ruft Nasser al-Nowais. Er steht mit ausgebreiteten Armen in seinem Wohnzimmer, das so groß ist wie eine Hotel-Lobby. Von der Decke hängen riesige Kronleuchter, die Wände sind mit Seidentapeten und grellen Ölgemälden geschmückt. Auf einem langen Tisch in der Mitte stehen Berge von süßem Gebäck. Weiß livrierte Diener servieren Tee aus einer Thermoskanne im Aladin-Design. Auf einer roten Samtbank an der Wand sitzen 30 Männer. Alle tragen sie das blütenweiße Gewand, die Dischdascha, und auf dem Kopf die Ghutra, das traditionelle Tuch der Beduinen. So muss es beim Casting von „Lawrence von Arabien" ausgesehen haben. Nur der Imam trägt einen schwarzen Turban. Seine Augen sind mit Kajal gerändert.

Nasser bittet zum Lunch ins Zimmer nebenan. Das Menü habe der Hausherr selbst zusammengestellt, erklärt Abdullah, ein Cousin. Traditionelle Beduinen-Gerichte: viel Lamm, gekocht, gegrillt, in Soße. Dazu Berge von Reis. Manche Männer lassen das Besteck beiseite und formen mit der rechten Hand einen Reisball, tunken ihn in die Soße und führen ihn dann zum Mund. Man redet über die Familie. Abdullah klagt, er müsse nach dem Essen mit seinen drei Kindern ins Tierheim. Er habe ihnen einen Hund versprochen. Nasser warnt: „Abdullah, du musst aufpassen, was du ihnen ver-

Starke Familienbande: Nach dem Freitagsgebet versammeln sich drei Generationen im Salon von Nasser al-Nowais

„WIR KÖNNEN ALLES KAUFEN, ABER WIR HABEN UNSERE SEELE VERLOREN", SAGT MOHAMMED

Bankett-Diplomatie. Nasser al-Nowais trifft Spitzenpolitiker in Dubai

sprichst. Erst wollen sie einen Hund, dann ein Fahrrad, später ein Auto." Alle lachen. Dann gibt es Kaffee mit Kardamom in kleinen Tassen, und der Imam singt ein Gebet. Es ist Nachmittag geworden. Man geht auseinander.

Bei diesen Treffen werden Familienangelegenheiten geregelt, Verträge und Allianzen geschlossen. So haben es die Beduinen immer getan. Und die Gesetze des Familienverbands gelten auch im dritten Jahrtausend.

Ali saß die ganz Zeit am Rand der Tafel und spielte mit seinem Handy. Er ist Anfang zwanzig, und jeden Freitag lässt er dieses Familienbankett bei seinem Onkel über sich ergehen. Er könnte längst mit seinen Freunden beim Shopping sein oder im Kino. Aber Ali sagt: „Es ist gut für die Familie, wenn ich hier bin. Es ist wichtig, den Alten zuzuhören, um zu lernen." Dann zeigt er Fotos vom Jet-Ski-Fahren auf dem Tegernsee. Er hat sie auf dem Handy gespeichert. Ali erzählt von seinem Studium. Informatik im zweiten Semester. Eigentlich habe er Marketing studieren wollen, wie es gerade alle tun. Aber sein Vater war für Informatik. „Er hatte Recht", sagt er.

Ali geht hinaus. Steigt in den cremefarbenen Mini, der innen mit Wurzelholz verziert ist. Sein erstes Auto, sagt Ali, lässt den Motor aufheulen und steigt wieder aus. Der Motor müsse erst warmlaufen. Warmlaufen? Bei 25 Grad Außentemperatur? Ali nickt. Das Auto soll ja eine Weile halten. Erst wenn er mal im Computerbusiness erfolgreich sei, könne er sich ein größeres leisten. Dann gibt er Gas.

Junge Männer wie Ali trifft man in den Einkaufszentren. In strahlendweißen Dischdaschas stolzieren sie an den Gucci-Boutiquen vorbei, die rot karierten Tücher um den Kopf geschlungen, das Handy am Ohr und die Nase weit oben. Das karge Leben im Beduinenzelt kennt diese Generation nur aus den Erzählungen ihrer Eltern. Die Kinder sind im scheinbar grenzenlosen Reichtum groß geworden, sie mussten sich nie anstrengen. Auf ihren Visitenkarten steht irgendwas von „Sales and Marketing", aber ob sie jemals wirklich arbeiten müssen, ist offen. Denn das Öl sprudelt noch, und die Herrscher sorgen für ihr Volk. Auch ohne Arbeit reicht die Staatsrente für eine Villa, ein bisschen Land und den klimatisierten Geländewagen.

Die Frührentner treffen sich im British Club, einer Ferienanlage mit Tennisplätzen und Billardsaal mitten im Industriegebiet. An den Tischen sitzen Araber. In den Sitzecken lümmeln ein paar Engländer und schauen Premier League. Es riecht nach Bier.

Der Mann mit dem wettergegerbten Gesicht heißt Raschid. Er isst von einem Teller Pommes Frites. „Raschid ist ein guter Kerl", sagen die Jüngeren mit Respekt und bestellen noch ein Bier. Nicht nur, weil er sie immer noch schlägt beim Dartspiel. Nein, Raschid ist einer vom alten Schlag. Er hat nie lesen und schreiben gelernt, aber er weiß, wie man einen Falken für die Jagd ausbildet. „Du musst sie wild fangen", sagt Raschid. „Die aus dem Brutkasten taugen nichts."

Den größten Teil seines Lebens war Raschid hauptberuflich „Gefolge". Er reiste mit der Herrscherfamilie durch die Welt. Auch in Köln und Berlin ist er gewesen. „Nice places", sagt Raschid in stockendem Englisch, auch wenn er meist nicht mehr als Hotels und Flughäfen gesehen hat. Der Scheich ist tot, jetzt sitzt Raschid jeden Tag im Club, spielt Dart und erinnert sich an die Zeit vor dem Öl. Damals, als er mit seinem Vater nach Perlen tauchte. „Wenn ich heute in die Stadt fahre, kenne ich mich gar nicht mehr aus", sagt Raschid. Im Hintergrund flimmern die aktuellen Börsenkurse von *Bloomberg TV* über den Plasmabildschirm.

Mohammed ist an den Tisch gekommen und pflichtet bei: „Wir können uns heute alles kaufen, aber wir haben unsere Seele verloren." Der Satz kommt an in der Runde. Dabei scheint Mohammed ganz gut zurechtzukommen. Er ist um die 50, trägt eine elegante cremefarbene Dischdascha, Krokodillederslipper, eine große Uhr am Handgelenk. Mohammed erzählt, er sei Presseattaché an der Botschaft in Moskau gewesen: „Ich kam mit Jelzin und ging mit Jelzin." Jetzt ist er im Ruhestand. Mohammed lacht: „Ich genieße das süße Nichtstun."

Eine Aufgabe, die er ernst nimmt. Mohammed hat ein Apartment gemietet, weit weg von seinem Haus und seiner Ehefrau. Dort feiert er sich mit Freunden durch die Nächte. „Das einzige, was ich noch tun kann", sagt er. Dann trinkt er aus. Er muss gehen. Im Apartment warten Freunde und seine russische Freundin. Seine Frau daheim wartet schon lange nicht mehr.

Auch Raschid bezahlt. Morgen müsse er verreisen. Jemand aus der Herrscherfamilie macht Urlaub auf Martinique, Raschid soll ihn begleiten. Der Scheich wünscht Gefolge. □

FOCUS
FAKTEN. FAKTEN. FAKTEN.
FRANZ KAFKA
Hesse Der Steppenwolf
VIRGINIA WOOLF ORLANDO
F. Scott Fitzgerald Der große Gatsby
Koeppen Das Treibhaus
Donald Woods
Steve Biko – Schrei nach Freiheit
MARTIN WALSER Tod eines Kritikers
liebesleben
Günter Grass: Ein weites Feld
Don DeLillo Unterwelt
J.B. Priestley Das Jahr, als Mr. Golspie kam
Kurt Tucholsky Die Q-Tagebücher 1934–1935
JONATHAN FRANZEN
FOCUS getAbstract unterstützt von Audi
Klassiker der Weltliteratur
Thomas Mann
Buddenbrooks
Verfall einer Familie
Sammeln. Ab 3. April jede Woche neu im FOCUS.
OgilvyOne

Der Islamwissenschaftler Udo Steinbach erklärt im Gespräch mit MERIAN, warum die Emirate so erfolgreich sind und ermuntert zur Reise an den Persischen Golf: „Das ist eine große touristische Sause"

PROFIT FÜR ALLE

MERIAN: Weiße Strände, blattvergoldete Hotels, Skihallen in der Wüste, Reichtum, wohin man blickt. Sind die Vereinigten Arabischen Emirate nicht zu schön, um wahr zu sein?

Udo Steinbach: Viel zu schön. In den Emiraten gibt es keine Bettler, keine Graffiti, alles ist sauber und wohlgesittet, und selbst das letzte Sandkorn wird noch vom Bürgersteig gefegt. Aber wann immer ich dorthin reise, beschleicht mich ein ungutes Gefühl. Wer an die griechische Mythologie denkt, weiß: Wenn der Mensch sich zu sehr erhebt, die Häuser allzu hoch werden, sein Vermögen ins Unermessliche steigt, muss er mit dem Neid der Götter rechnen. Irgendwann, denke ich, wird hier etwas passieren. Irgendwann muss der Zorn Gottes herabfahren, als Strafe für diese Selbstüberhebung.

Götterzorn? Sie meinen Terroranschläge?

Ja.

Wer hätte ein Interesse daran, den Frieden des Landes zu zerstören?

Extremisten, islamistische Gewalttäter, die heutzutage die ganze Region unsicher machen. Sie bedrohen jedes Regime, das eng mit dem Westen kooperiert. Der Terror richtet sich gegen die westliche Präsenz in islamischen Ländern. Mit der Wirtschaft in den Emiraten hat das zunächst einmal nichts zu tun. Aber da die Wirtschaft nun einmal das Medium ist, das den Westen angezogen hat, ist sie nach der Logik möglicher Terroristen das Ziel. Drei, vier Bomben reichen, um die Geschäftswelt zu verunsichern. Wir haben ja 2003, nach den Bombenattentaten in Saudi-Arabien, gesehen, wie schnell sich deutsche Unternehmen von dort zurückgezogen haben. Um übrigens ihre Aktivitäten in die ruhigeren Emirate zu verlagern.

Warum sind die Emirate bisher vom Terror verschont geblieben?

Das ist tatsächlich ein kleines Wunder. Ein Grund ist wohl die günstige Sicherheitslage. Die Emirate sind klein, leicht zu überwachen, sie besitzen einen modernen Polizeiapparat und eine sehr restriktive Einwanderungspolitik. Zum anderen liegt es auch daran, dass die Emirate mit jedem verhandeln, mit allen Kontakt halten. In den achtziger Jahren, während des Kriegs zwischen Iran und Irak, unterhielt Dubai intensive Wirtschaftsbeziehungen zu beiden Ländern. Die Emirate gehörten zu den drei Regierungen, die in den Neunzigern das Taliban-Regime in Afghanistan anerkannt hatten. Sie taten das, obwohl es weltanschaulich keine Gemeinsamkeiten gab. Aber durch diesen Schachzug ist die Gewalt an den Emiraten vorübergezogen. Sie entlud sich in Saudi-Arabien und erreichte mit dem 11. September 2001 in New York ihre brutale Spitze. Außerdem gibt es eine gewisse Grauzone im Umgang mit dem Islamismus. Dubai ist auf vielfältige Weise, vor allem über private Kontakte, in Geschäfte mit islamistischen Organisationen verstrickt. Und nimmt sich damit ganz klar aus der Schusslinie.

Und innerhalb der Emirate formiert sich kein Widerstand?

Nein, warum auch? Die Einheimischen haben doch ausgesorgt. Das Erdöl hat ihnen so viel Geld beschert, dass sie über Jahrzehnte hinweg ihr Auskommen haben. Und selbst, wenn die Quellen dereinst versiegen, wird die Wirtschaft auf einen gut funktionierenden Handel, auf einen florierenden Tourismus und ein solides Dienstleistunggewerbe aufbauen. Es existiert keine Frustration, die so stark wäre, dass sie in politische Opposition umschlagen könnte.

Auch nicht bei den Gastarbeitern, die für das süße Leben der arabischen Oberschicht schuften?

Nein, die Inder, Bangladeschis oder Filipinos profitieren zwar nur wenig vom unbegrenzten Reichtum und klagen, dass ihnen vom Arbeitslohn kaum etwas übrig bleibt. Aber anders als in ihrer Heimat haben sie immerhin einen Job und können ihre Familie durchbringen. Außerdem findet jeder, der hierher kommt, ein unglaublich weltoffenes Klima vor.

Woher rührt diese Weltoffenheit?

Ich glaube, das hängt damit zusammen, dass die Emirate seit Jahrhunderten vom Handel leben. Bedingt durch die Lage am Persischen Golf, bedingt durch den ständigen Austausch mit ihren Nachbarländern Iran und Indien. Nicht zu vergessen, durch die Begegnungen mit anderen Kulturen, den Seefahrernationen, den Portugiesen, Briten und Holländern. So etwas führt zwangsläufig zu einer Mentalität der Weltoffenheit. Und natürlich dürfen Sie den arabischen Charme nicht unterschlagen. Diese beduinische Leidenschaft, sich Fremden zu öffnen und ihnen in Freundschaft zu begegnen. Das erlebt man ja selbst immer wieder.

Wie weit geht diese weltoffene, liberale Einstellung? Ist eine Entwicklung zur Demokratie denkbar?

Wohl nicht, wenn wir an eine Demokratie europäischen Zuschnitts denken. Das Herrschaftssystem beruht auf der Macht einiger Familien, die allerdings von der einheimischen Bevölkerung akzeptiert werden. Das ist Bestandteil jahrtausendealter Tradition. Und die ist ja gar nicht so undemokratisch. Wenn ein Scheich, das Oberhaupt eines Stammes, nicht zum Wohle seiner Leute handelt, löst der Stamm ihn ab. Scheich Zayed, der Gründer der Vereinigten Arabischen Emirate, hat seinen Bruder abgelöst, als der sich der neuen Zeit verweigern wollte. Und danach hat Zayed begonnen, das Land zu modernisieren. Er hat funktionierende staatliche Organe gegründet, die durchaus nicht den arabischen Traditionen widersprachen. Auch eine Art Parlament. Gleichzeitig hat er erkannt, dass ein Land, das über riesige Erdölvorkommen verfügt, sich in die Weltökonomie integrieren muss. Damit hat er zumindest den einheimischen Arabern einen immensen Reichtum beschert. Der Schulbesuch ist kostenlos, Arztbesuche ebenfalls. Warum sollten sie nach eine Demokratie in unserem Sinne rufen?

Aber müssen nicht irgendwann die Einwanderer am politischen Prozess beteiligt werden? Immerhin geht es um über 80 Prozent der Einwohner.

Gestenreich: Prof. Steinbach im Gespräch mit Benno Stieber und Franz Lenze (r.)

Warum muss das sein? Eine breite Schicht von Einwanderern nimmt unmittelbar am wirtschaftlichen Erfolg teil. Diese Leute verdienen ihr Geld und sind zufrieden. An einer Einbindung sind sie selbst kaum interessiert. Weder die Einwanderer in hohen Positionen noch diejenigen, die in Restaurants, Shopping-Malls oder bei der Müllabfuhr schuften. Die allermeisten von ihnen wollen ja irgendwann in ihre Heimat zurückkehren.

Wie steht es mit der Rolle der Frauen in den Emiraten?

Das halte ich für eine der entscheidenden Reformen. Die Herrschenden haben erkannt, dass man beim Thema Frauen nicht weitermachen kann wie bisher. Dass man sie in Verwaltung, Regierung und Wirtschaft integrieren muss. Und dass sie, was auch immer die Tradition vorschreiben mag, ein aktives und passives Wahlrecht erhalten müssen. Das Ergebnis ist, dass Frauen mittlerweile eine aktive und verantwortlichere Rolle im Land spielen. An diesem Punkt zeigt sich die Stärke der Emirate, Tradition und Moderne geschickt zu verbinden.

Wie sehen die arabischen Nachbarn solche Entwicklung?

Es profitieren zu viele davon, als dass man den Emiraten feindselig gegenüberstehen könnte. Ägypter, Syrer, Jordanier, sie alle kommen ja als Gastarbeiter und bringen einen Teil des Wohlstandes zurück in ihre Heimat. Nein, diese Politik, von der jeder profitiert, findet weithin Beifall in der arabischen Welt. Auch wenn Saudi-Arabien immer wieder offen die Begleiterscheinungen des großen Reichtums kritisiert, den Alkoholkonsum oder die importierte Prostitution. Aber im Großen und Ganzen wird akzeptiert, was in den Emiraten passiert.

Wenn das so ist, sind die Vereinigten Emirate dann nicht ein Modell für die restliche arabische Welt?

Den Emiraten wird langsam bewusst, dass ihnen dank ihres wirtschaftlichen Gewichts eine internationale Rolle zufällt. Zuerst müssen sie sich in der Palästinafrage beweisen, schon weil sie wissen, dass der Konflikt wesentlich zur Mobilisierung gewalttätiger Moslems beiträgt. Die Emirate haben, gemeinsam mit Katar und Oman, während des Friedensprozesses Anfang der neunziger Jahre erste Vermittlungsschritte gewagt. Der Pragmatismus, mit dem sie da auf Israel zugegangen sind, war bemerkenswert. Noch gibt es kein klares Konzept für eine internationale Rolle, aber sie wachsen langsam hinein. Sei es – wie neuerdings – auf dem Gebiet der Forschung oder eben auf diplomatischem Parkett. Zum Beispiel, wenn es darum geht, die Gefahr eines atomaren Iran zu relativieren, die bei uns ja sehr aufgebauscht wird. Oder den sich anbahnenden Konflikt der Kulturen zu entschärfen.

Sie würden also Reisen in die Emirate empfehlen?

Die Emirate sind eine große touristische Sause. Sozusagen ein guter Einstieg in die arabische Welt. Wer dorthin reist, wird beeindruckt sein. □

Udo Steinbach, *63, Professor der Islamwissenschaften, ist seit 1976 Direktor des Deutschen Orient-Instituts in Hamburg.*

Abstieg über mehr als 200 Meter Steilhang. Die Grate der Dünen sind vom Wind wie Messer geschliffen

Abenteuer *Arabien*

Der englische Diplomatensohn *Wilfred Thesiger* durchquert von 1947 bis 1950 wiederholt die Wüste Rub al-Khali, das „Leere Viertel“. Er lebt bei kamelzüchtenden Nomadenstämmen, den Bedu, und geht mit Scheich Zayed auf Falkenjagd. „Die Brunnen der Wüste“ heißt sein Expeditionsbuch. MERIAN druckt Auszüge

Text und Fotos: Wilfred Thesiger

Nomade bei Nomaden: Wilfred Thesiger

Eine Wolke zieht sich zusammen, Regen fällt, die Menschen leben; die Wolke löst sich auf, ohne Regen zu spenden, und Mensch und Tier sterben. In den Wüsten Südarabiens gibt es keinen Wechsel der Jahreszeiten, kein Steigen und Fallen der Säfte, sondern nur öde Wüsten, in denen nichts als der Wechsel der Temperatur den Lauf der Jahre anzeigt. Es ist ein strenges knochentrockenes Land, das weder Milde noch Behaglichkeit kennt. Dennoch leben dort seit Urzeiten Menschen. Generationen von Nomaden haben an ihren Lagerplätzen verrußte Steine, auf den weiten Kiesebenen ihre kaum mehr erkennbaren Wegspuren zurückgelassen. Anderswo hat der Wind die Fußspuren verwischt. Die Menschen leben hier, weil sie in diese Welt geboren wurden. Das Leben, das sie führen, gleicht dem Leben ihrer Vorväter. Sie nehmen Entbehrungen und Mühsal auf sich, sie kennen es nicht anders.

Ich kam gerade noch rechtzeitig nach Südarabien. Andere werden dorthin gehen, um Geologie und Archäologie zu betreiben, um Vögel, Pflanzen und Tiere, ja die Araber selbst zu studieren. Aber sie werden in Automobilen reisen und durch Funkgeräte mit der Außenwelt verbunden sein. Sie werden weit interessantere Ergebnisse als ich nach Hause bringen, aber den Geist des Landes und die Größe der Araber werden sie nicht begreifen. Wer heute nach dem Leben suchen wollte, das ich dort geführt habe, wird es nicht finden; denn nach mir kamen die Ingenieure und die Ölsucher. Heute ist die Wüste, durch die ich reiste, von den Spuren der Lastkraftwagen gekerbt und von den Abfällen der Importe aus Europa und Amerika übersät.

Aufbruch nach Liwa

Die Wüste vor uns stellte uns faszinierende Aufgaben. Konnten wir aber dorthin gelangen? Ich schätzte, daß wir bis Liwa sechshundert Kilometer Wüste vor uns hatten. Wieder sprachen wir von Kamelen, Entfernungen, Nahrung und dem Wasser. Unsere Vorräte waren sehr knapp. Wir waren mit 200 Pfund Mehl, mit Reis für zwei Mahlzeiten, von denen die eine bereits gegessen war, einigen Handvoll Mais, ein wenig Butter, Kaffee, Zucker und Tee in Maghshin aufgebrochen, das mußte für zwölf Menschen mindestens einen Monat lang reichen, und das heißt: ein halbes Pfund Mehl pro Tag und sonst nichts. (...) Wir würden hungern müssen. Wir konnten wahrscheinlich genug Wasser für zwanzig Tage mitführen, wenn wir uns pro Tag und pro Person auf einen Viertelliter beschränkten. Zwanzig Tage ohne Wasser war das äußerste, was die Kamele aushalten konnten, wenn sie lange Stunden durch tiefen Sand gehen mußten, und das nur, wenn sie Weideplätze fanden. Aber würden wir Weideplätze finden? Das ist die ewige Frage für den Bedu. Fanden wir sie nicht, würden die Kamele zusammenbrechen, und das war das Ende. Der Bedu fürchtet weder den Hunger noch den Durst und kann angeblich bei Kälte sieben Tage lang ohne Essen und ohne Wasser reiten. Sein Schreckgespenst ist das Versagen der Kamele. Brechen sie zusammen, ist ihm der Tod gewiß. Ich erkundigte mich bei al-Auf, ob wir wohl Weideplätze finden würden. „Gott allein weiß es", antwortete er.

Für Kamele das Äußerste sind 20 Tage ohne Wasser

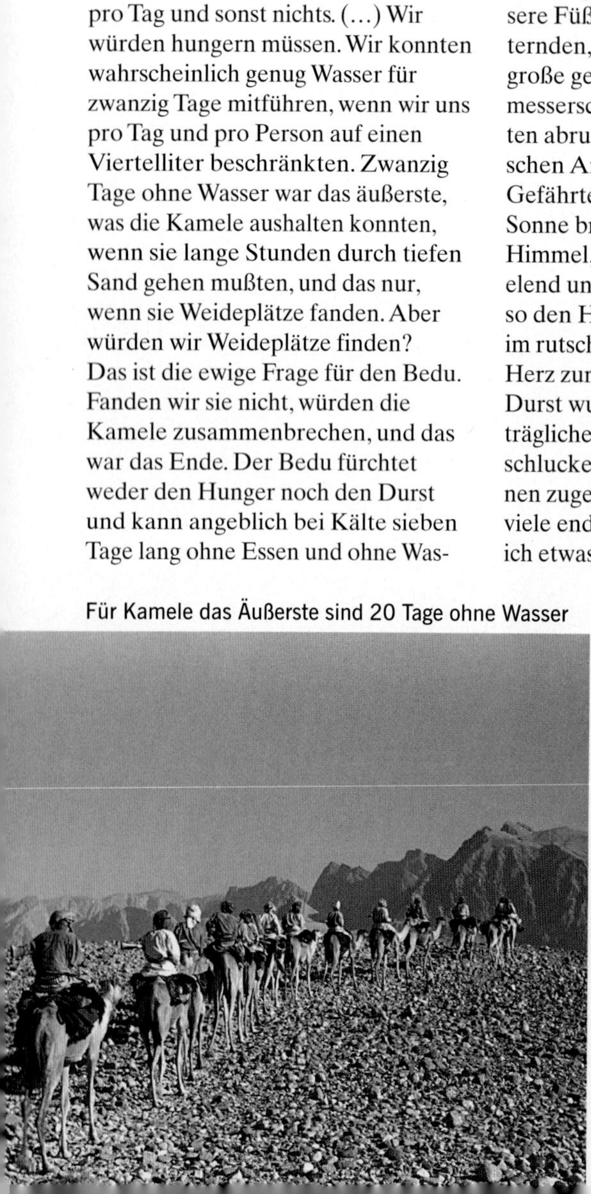

Die Dünen von Uruq al-Shaiba

Al-Auf weckte uns, als es noch immer finster war. Wie gewöhnlich bereitet Bin Kabina den Kaffee. Die bitteren Tropfen, die er uns ausschenkte, regten an, aber wärmten nicht. (...) Vor uns lag ein Höhenzug aus Sand, der so hoch, ja vielleicht noch höher als der Höhenzug war, den wir tags zuvor bewältigt hatten. Aber hier waren die Gipfel steiler und eigenartiger, und manche türmten sich zu gewaltigen Hörnern empor, von denen die geschwungenen Kämme wie Draperien herabwallten. Der Sand dieser Dünen war blasser als der, den wir hinter uns hatten, und sehr weich. Beim Aufstieg stäubte er in Wolken um unsere Füße. (...) Wir führten die zitternden, scheuenden Tiere hinauf über große gekurvte Sandkämme, deren messerscharfe Grate unter unsern Tritten abrutschten. Trotz der mörderischen Anstrengung verloren meine Gefährten niemals die Geduld. Die Sonne brannte unbarmherzig vom Himmel, ich fühlte mich ausgepumpt, elend und schwindlig. Als ich mich so den Hang hinaufquälte, knietief im rutschenden Sand, klopfte mein Herz zum Zerspringen. Und mein Durst wurde mit jeder Minute unerträglicher, ich konnte kaum mehr schlucken, sogar meine Ohren schienen zugefallen. Doch es würde noch viele endlose Stunden dauern, ehe ich etwas trinken durfte. Ich blieb stehen, um auszurasten, ließ mich in den sengenden Sand fallen und hörte die anderen rufen: „Umbarak, Umbarak!" Ihre Stimmen klangen erschöpft und heiser. Es dauerte drei Stunden, bis wir diesen Höhenzug überquert hatten.

Auf dem Gipfel angelangt, sahen wir diesmal keine sanft gewellten Hänge vor uns wie am Tage zuvor. Drei kleinere Dünenketten ritten auf dem Gipfelrücken, und hinter diesen fiel der Sand steil zu einer weiten Salzebene zwischen den Sandbergen ab. Der Höhenzug auf der andern Seite kam mir noch höher vor als der, auf dem wir standen. Hinter ihm erstreckten sich weitere Sandberge. Ich suchte den Horizont nach einem Ausweg ab. Irgendwo, scheinbar am Rand der Welt, ging der Sand in den Himmel über. Aber in dieser Unendlichkeit war nichts Lebendiges zu sehen, nicht eine einzige verdorrte Pflanze, die mich hätte Hoffnung schöpfen lassen. „Hier gibt es keinen Weg mehr", dachte ich. „Wir können nicht zurück, und unsere Kamele werden nicht eine einzige dieser furchtbaren Dünen mehr bewältigen. Das ist das Ende." Die Stille hüllte mich völlig ein. Kaum vernahm ich noch die Stimmen meiner Gefährten und das unruhige Scharren der Kamele.

Wir stiegen hinab, und irgendwie – nie werde ich begreifen, wie die Kamele es schafften – bewältigten wir auch den nächsten Hang. Dort oben brachen wir völlig erschöpft zusammen. Al-Auf gab jedem von uns ein wenig Wasser, gerade genug, um die Mundhöhle anzufeuchten. „Wir brauchen das, wenn wir weiterkommen wollen", sagte er. Die mittägliche Sonne hatte jede Farbe aus dem Sand gesogen. Verstreute Kumuluswolkenbänke warfen ihre Schatten über die Dünen und Salzebenen und verstärkten den Eindruck, wir befänden uns im Hochgebirge und tief unter uns im Tal lägen gefrorene Seen von blauer und grüner Farbe. Schläfrig wälzte ich mich auf die Seite. Aber der Sand brannte durch mein Hemd und riß mich aus meinen Träumen.

Zwei Stunden später weckte uns al-Auf. Als er mir half, mein Kamel zu beladen, sagte er: „Kopf hoch, Umbarak. Diesmal haben wir wirklich die Uruq al-Shaiba bezwungen."

Treffen mit Scheich Zayed in Buraimi

Am nächsten Morgen kamen wir nach Muwaiqih, einem der acht kleinen Dörfer in der Oase Buraimi, in dem Zayed lebte. (...) Unter einem Dornbaum vor der Festung saßen etwa dreißig Araber. Unser Führer deutete auf die Gruppe und sagte zu mir: „Der Scheich hält Audienz." Wir lagerten unsere Kamele etwa dreißig Meter daneben und traten auf die Gruppe zu,

In kühnen Schwüngen baut der Wüstenwind

Dolch im Gewand, Gewehr im Griff – Bedu-Tracht

die Gewehre und Kamelstecken in der Hand. Ich begrüßte die Männer und tauschte Höflichkeiten mit Zayed. Er war ein würdevoller kräftiger Mann von etwa dreißig Jahren mit einem braunen Bart, einem ausdrucksvollen, intelligenten Gesicht und ruhigen aufmerksamen Augen. Sein Betragen war ruhig und majestätisch. Seine Kleidung war sehr schlicht, die Weste über dem beigefarbenen Hemd aus Omani-Tuch stand offen. Von seinen Begleitern unterschied er sich durch das schwarze Stirnband und das auf die Schultern fallende Kopftuch, das man hier sonst üblicherweise um den Kopf schlingt. Er trug einen Dolch und einen Patronengurt, neben ihm im Sand lag sein Gewehr.

Ich hatte mich auf die Begegnung gefreut, denn Zayed besaß großes Ansehen bei den Bedu. Sie schätzten sein zwangloses Benehmen und seine Freundlichkeit und achteten seine Charakterstärke, seine Schlauheit und seine Kraft und hatten mir voll Bewunderung gesagt: „Zayed ist ein Bedu. Er versteht etwas von Kamelen, er kann reiten wie einer von uns, er kann schießen und weiß, wie man kämpft."

Ein Diener brachte Teppiche, damit wir uns setzen konnten. Zayed jedoch hatte auf dem nackten Sandboden gesessen. Dann erschien der Diener mit dem unvermeidlichen Kaffee und den Datteln. Zayed erkundigte sich nach meiner Reise, nach den Entfernungen, die wir zurückgelegt, nach den Brunnen, die wir besucht, nach den Saudi, die wir in Laila und Sulaiyil getroffen hatten. Er kannte die Verhältnisse in der Wüste sehr genau. Vor allem interessierte es ihn zu hören, daß ich im vergangenen Jahr durch das Duru-Land gereist war. Er war erstaunt darüber, daß die Duru mir die Durchreise gestattet hatten. Als ich ihm erklärte, ich hätte mich für einen syrischen Kaufmann ausgegeben, meinte er lachend: „Ich hätte sofort gemerkt, daß das nicht stimmt." Er erwähnte, daß ein Engländer namens Bird in einem anderen Dorf der Oase Buraimi wohne und die Stämme zu überreden versuche, einer Ölgesellschaft die Bohrbewilligung zu geben. Seiner Erzählung war zu entnehmen, daß dem Ölmann wenig Erfolg beschieden war.

Falkenjagd

Vier Tage später sagte Zayed: „Heute abend werden wir aufbrechen. Ich schätze, daß wir etwa einen Monat fortbleiben. Wir werden in der Wüste im Südwesten jagen, wo es viele Weideplätze und Brunnen gibt. Die Bedu haben dort Trappen gesehen."

Am späten Nachmittag verließen wir die Festung. Zayed hatte die Lastkamele vorausgeschickt und Befehl gegeben, am Rand der Großen Sande ein Lager aufzuschlagen. Wir trabten über die Kiesebene, fünfundzwanzig Bedu-Gefolgsleute Zayeds hinter uns, von denen einige auf den Handgelenken Falken trugen. Sie sangen ein *tagrud*, ein Marschlied, mit dem die Bedu ihre Kamele zum Traben ermuntern. Alles war in bester Laune.

Bei Sonnenuntergang erreichten wir das Lager. Schon standen die Dünen dunkel vor einem flammenden Himmel, in dem die Zirruswolken wie glühender Dampf schwammen. Die Sklaven hatten Strauchwerk gesammelt und so aufeinandergetürmt, daß der Wind die großen Lagerfeuer nicht ausblasen konnte. Wir versammelten uns rasch um die Feuer, denn die Abendluft war kühl, und schlürften Kaffee zum rhythmischen Klirren der Messing-Kaffeemörser, die jedermann einluden, sich zu uns zu gesellen.

Klar zur Trappenhatz: Falkner mit seinem Jäger auf der Faust

Eine Bedu-Familie war bereits herbeigekommen. Ihre Kamele trotteten durch die Dämmerung heran, von zerlumpten, langhaarigen Knaben gefolgt. Man hatte ein paar Ziegen geschlachtet und zerteilt, über den Feuern brodelten riesige Kessel voll Reis. Nun traten die Hirtenknaben in den Flammenschein. Einer von ihnen reichte Zayed eine Schale voll schäumender Milch, ehe er sich in unserem Kreis niederließ, um auf das Essen zu warten. Sie erzählten uns, sie hätten am Brunnen die frischen Spuren von fünf Trappen und in der Wüste zwei Tage alte Spuren weiterer Trappen entdeckt. Zayed wandte sich zu mir und sagte: „So Gott will, werden wir morgen Trappen essen."

Am nächsten Morgen waren wir schon früh munter. (...) Bei Sonnenaufgang ergriffen wir unsere Gewehre und Kamelstecken und hielten uns zum Aufsitzen bereit. Die Falkner hoben die Wanderfalken von den Stangen, auf denen sie zerzaust und naß vom Tau gehockt hatten, und riefen die drei Windspiele herbei. Wir standen hinter unseren Reittieren. Zayed blickte sich um, ob ich bereit sei, und stemmte dann sein Knie in den Sattel. Sofort erhob sich sein Kamel, er schwang sich in den Sattel, und fort ging es, in die Sande hinaus. Wir vermuteten die Trappen eher auf den ebenen Flächen zwischen den Dünen als in den Dünen selbst und ließen die Kamele Schritt gehen, während wir den Boden nach Spuren absuchten. Ich hatte erwartet, daß wir uns still verhalten würden, aber ich hätte aus Erfahrung wissen

Zusammenbruch heißt sicherer Tod

müssen, daß ein Bedu fast nie den Mund halten kann. Alles unterhielt sich ziemlich laut, und die Zurückgebliebenen trabten singend hinter uns her. Plötzlich machte ein Araber auf dem linken Flügel uns ein Zeichen, daß er frische Spuren entdeckt hatte.

Als wir die Kamele in seine Richtung lenkten, schwang sich etwa vierhundert Meter von uns entfernt eine Trappe in die Lüfte. Die weißen Streifen auf den Flügeln zeichneten sich deutlich gegen den roten Sand ab. Ein Falkner nahm seinem Vogel die Haube ab und warf ihn in die Luft. Das Tier flog wenige Meter über dem Boden davon. Die Trappe stieg höher, aber der Königsfalke holte sie rasch ein. Nun waren die beiden nur noch winzige Punkte, die man kaum mehr erkennen konnte, wenn man sie einmal aus dem Blick verloren hatte. Plötzlich ertönte der Ruf: „Sie fällt!", und wir jagten über den Sand. (...)

In einer Mulde stießen wir auf den Königsfalken, der seine Krallen in der leblosen Trappe vergraben hatte. Einer der Männer sprang von seinem Kamel, spaltete den Kopf der Trappe und gab das Gehirn dem Falken. Dann häufte er Sand über den toten Vogel, um ihn zu verbergen, und hob den erstaunt um sich blickenden Falken wieder auf sein Handgelenk. (...) Auf meine Frage, wie viele Trappen ein Königsfalke an einem Tag schlagen könne, erwiderte Zayed: „Ein guter Vogel kann acht oder neun Trappen fangen. Aber von sieben bringen sie nur vier zu Boden. Siehst du, wo sie gekämpft haben?" Und er deutete auf die Federn, die im Umkreis von etwa fünfundzwanzig Metern im Sand verstreut lagen. „Daran kannst du erkennen, was für ein Kampf das war." (...)

Lange nach Einbruch der Dunkelheit ritten wir singend ins Lager zurück, müde und durchfroren, aber mit der Beute unseres ersten Tages zufrieden. Wir hockten um die Feuer und sprachen über die Jagd. Als ich schließlich unter den funkelnden Sternen lag und dem unruhigen Stöhnen der Kamelherden lauschte, freute ich mich, daß wir in der althergebrachten Weise jagten und nicht vom Automobil aus, wie es heute im Nedjd üblich ist.

Abschied vom Leeren Viertel

Ich war mir bewußt, daß ich meine letzte Reise im Leeren Viertel gemacht hatte und daß ein Abschnitt meines Lebens zu Ende war. In der Wüste hatte ich gefunden, wonach ich mich gesehnt hatte, und ich wußte, daß ich dies alles nie mehr wiederfinden würde. Aber das war nicht mein einziger Kummer. Ich war mir darüber klar, daß die Bedu, mit denen ich gelebt hatte und gereist war und in deren Gesellschaft ich mich wohlgefühlt hatte, dem Untergang geweiht waren. Manche Menschen sind der Ansicht, es wird den Bedu in Zukunft besser gehen, da sie die Entbehrungen und die Armut der Wüste gegen die Sicherheit einer materialistischen Welt eintauschen werden. Ich teile diese Ansicht nicht. Ich werde nie vergessen, wie oft ich mir diesen analphabetischen Hirten gegenüber armselig vorkam, weil sie soviel großzügiger, soviel mutiger, ausdauernder, geduldiger und ritterlicher waren als ich. Bei keinem anderen Volk der Erde habe ich je ein ähnliches Gefühl der Minderwertigkeit verspürt. (...)

Der Lastkraftwagen fuhr nach dem Frühstück vor. Zum letzten Mal umarmten wir einander. Ich sagte: „Zieht in Frieden!" Und sie antworteten wie aus einem Mund: „Bleib in Gottes Hut, Umbarak!" Dann kletterten sie auf einen Stapel Petroleumfässer und hockten sich neben einen Flüchtling aus Palästina, der ölverschmierte blaue Leinenhosen trug. Wenige Minuten später waren sie hinter einer Wegbiegung verschwunden. Ich war froh, als Codrai mich zum Flugplatz in Sharjah brachte. Während das Flugzeug sich über der Stadt in den Himmel schraubte und Kurs auf das Meer nahm, wußte ich, was es heißt, in die Verbannung gehen zu müssen. □

Wilfred Thesiger: *„Die Brunnen der Wüste. Mit den Beduinen durch das unbekannte Arabien". Aus dem Englischen von Peter Stadelmeyer.* *(lieferbar als gebundene Sonderausgabe bei Malik und als Taschenbuch in der Serie Piper)*

Lange Märsche, kümmerliche Rast – Wüstenalltag

MERIAN | INFO

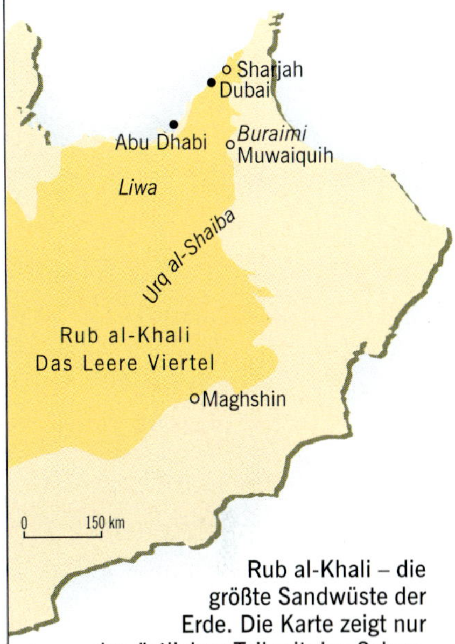

Rub al-Khali – die größte Sandwüste der Erde. Die Karte zeigt nur den östlichen Teil mit den Schauplätzen aus Thesigers Aufzeichnungen Ende der 40er Jahre

Wilfred Thesiger

wurde 1910 in **Addis Abeba** geboren. Als englischer Diplomatensohn verbrachte er seine Kindheit in Afrika, studierte in **Oxford** und **Eton**, war im Dienst der britischen Kolonialverwaltung im **Sudan** – und eroberte sich in den dreißiger und vierziger Jahren auf abenteuerlichen Reisen die Welt. Er hatte „als Mann den Mut, seinen Knabentraum zu verwirklichen", schrieb Colin Thubron über Thesiger, der im Jahr 2003 starb. Dem **Pitt Rivers Museum** der Universität von Oxford übereignete der Globetrotter, der Arabien und Afrika so liebte, 38 000 Negative.

Der Nachwuchs liebt es provokant: Die Studentinnen der Kunstakademie in Sharjah malen Frauen so, wie Gott sie schuf. Ob dürr oder dick – auf jeden Fall unverschleiert

Geburt der Kunst aus dem Nichts

Protz und Reichtum? Klar, das gibt's. Doch das kleine Sandreich Sharjah neben Dubai bietet mehr – Museen, Galerien und Theater Text: Franz Lenze, Fotos: Walter Schmitz

Die Burka wird zum Leuchtsignal

An Tagen wie diesen erzählt selbst die Wüste Geschichten. Sie spricht von Wind und Meer, tönt von der Vergangenheit, sie säuselt von der Bewegung des Lebens. Man muss nur Mohammed Jusuf Ali zuhören. Er summt, er trällert und wuchtet Holzplanken in den Sand, auf denen drei Palmenwedel stecken. Schweiß rinnt ihm übers Gesicht. Wind bräuchte es jetzt, sagt er, damit Bewegung ins Spiel käme. Gibt aber keinen. Also schweifen Mohammeds Arme durch die wellige Endlosigkeit, dazu ruft er „huuuuh“ und „hmmmmmm“. Er sagt: „Das ist der Rhythmus, den ich ausdrücken will.“ Rhythmus, Bewegung, so, wie das Leben ist. Erbarmunglos flimmert die Hitze.

Mohammed ist Installationskünstler. Ein Prophet der Natur. 53 Jahre alt. Dunkler Teint, Brille, Stoppelbart. Seine weiße Dischdascha, das traditionelle Gewand der Araber, ist der einzige Kontrast zum endlosen Gelb der Wüste. Er sagt: „Nicht mal mein eigener Schatten kennt meine Leidenschaft für die Natur.“ Weswegen seine Kunst auch nur aus Materialien besteht, die Gott schuf: Ästen, Palmfasern, Baumstämmen.

Am Horizont lässt sich Sharjah erahnen, die Hauptstadt des Emirats mit gleichem Namen, Mohammeds Geburtsort. Dort kennt ihn jeder. Und er kennt jeden. Mohammed ist überall. Bei den Kalligraphen. Im Theater. Bei den Malern. Ihn als Tausendsassa der Kunstszene zu beschreiben wäre zu wenig. Übervater trifft es besser. Er hatte Ausstellungen in Qatar, Bonn und Paris.

Wieder kriecht er durch den Sand, diesmal mit Dattelzweigen in der Hand, dünne Blätter, die er mit Bedacht platziert. Bis eine kleine Allee die Düne schmückt und spärlichen Schatten wirft. Die Belebung der Ödnis. Mohammed weiß: Viele empfinden die Emirate als geistige Wüste. „Aber da ist noch mehr.“ Er blickt auf sein Werk.

In der Ferne wirbelt Sand auf. Motoren dröhnen. Ein Jeep rast heran, junge, lachende Männer darin, der Wagen dreht sich um die eigene Achse und überfährt beinahe Mohammeds Installation, die Palmenblätter, die er so sorgfältig drapiert hat. „Der ist verrückt“, zischt er. Die Jugend pflügt allradbetrieben durch die Wüste. Zum Zeitvertreib. „Öl, Autos, Geld“, sagt Mohammed und schüttelt den Kopf. Der Lifestyle der Emirate.

Kunst lässt sich da leicht übersehen. Dabei wirbt Sharjah damit. Schon bei der Einfahrt ins Emirat, aus Dubai kom-

Lieblingsmotiv der Kunststudentin Marjam al-Ghurair ist die Burka: „Ich verstehe die Gesichtmaske der Frauen nicht als Symbol der Unterdrückung, sondern als Ausdruck unserer Kultur“

Langsam lernt die Malerei laufen – vor allem in der lehmverputzten Arts Area, dem Viertel der heimischen Boheme

mend, verspricht, zwischen all den verspiegelten Hochhäusern, den Baustellen und Shopping-Malls, ein Plakat „100% Art“. Das kleine Sandreich übt sich in Kunsterziehung: Eine Hand voll Theater und hunderte von Galerien für 700000 Einwohner, 18 Museen, darunter das Sharjah Arts Museum, laut Eigenwerbung das größte Kunstmuseum der ganzen Golfregion, 10312 Quadratmeter groß, 68 Hallen. 1998 war Sharjah arabische Kulturhauptstadt. Künstler aus aller Welt strömen in die Stadt, die sich, wer könnte es verübeln, mittlerweile als Hort der Avantgarde fühlt. Ab und an vermelden die Zeitungen, dass Prominente wie Boris Becker oder Brad Pitt ein Bild geordert hätten. Das macht Schlagzeilen. Und Kunst zum Geschäft. Zur Freude der Galeristen.

Ein Boom. Wie alles in den Emiraten. In Sharjah ist Scheich Sultan bin Mohammed al-Qasimi, Herrscher seit 34 Jahren, für diesen exorbitanten Spaß zuständig. Unter seinem Namen finden Theatertage statt, gibt es die Kunstbiennale, Ausstellungen, Workshops. Zuletzt das erste Lesefestival. Irgendwas ist immer. Der Scheich liebt die Kunst. Seine Hoheit stellt Künstlern kostenlos Ateliers zur Verfügung. In der Arts Area. Das ist eine sauber renovierte Welt, dort, wo einmal die Altstadt stand, am Ausläufer des Persischen Golfs. Eine Oase der Ateliers und Galerien. Hinter den frisch verputzten Lehmwänden türmt sich die neue Zeit, Hochhäuser diesseits, Ölförderanlagen jenseits der Bucht, an der die Schiffe aus Iran, Somalia und Indien vor Anker gehen. Doch hier drinnen, auf dem Platz, stehen Skulpturen, Bänke. Teppiche bedecken den Boden, darauf sitzen die Maler und trinken Tee. „Unser Refugium“, sagt Mohammed. „Wo in der arabischen Welt haben Künstler eine solche Freiheit, eine solche Ruhe zu arbeiten?“ Er breitet die Hände aus.

Schließt diese Freiheit auch kritisches Denken ein? Zweifel am Absolutismus? Am Pseudo-Parlament? Mohammed winkt ab, alle Künstler winken ab. Natürlich gehen manche Sachen nicht. Aktbilder, zum Beispiel. Aber sonst? „Fragt doch Abd al-Rahim Salim, den Maler“, sagt Mohammed.

Abd al-Rahims Atelier liegt gegenüber dem Eingang, dort, zwei große Bilder lehnen an der Wand. Viel Weiß, viel Schwarz, ein bisschen Rot. Metaphysische Melancholie. Abd al-Rahims Tisch ist übersät mit Pinseln, Farben, mit Papier, dazwischen eine Flasche Wein. Zum Arbeiten ist kaum noch Platz. „Für Künstler ist Sharjah ein feiner Ort“, sagt er. Er rückt seine Brille zurecht: „Ich kann ja machen, was ich will.“ Von Kindesbeinen an beschäftige ihn das Jenseitige, sagt er, jetzt 50 Jahre alt. Die Mystik. Die auch nicht gerade beliebt ist in den puritanischen Emiraten. Aber Anfeindungen? Deswegen? Wichtiger wäre ihm, sagt Abd al-Rahim, er könnte Vollzeit-Künstler sein. Nicht erst ab 17 Uhr, nach seiner Arbeit im Ministerium. Nur zum Leben reiche es dann nicht. Nicht hier, wo die Kunst zwar staatlich gefördert werde, aber sich kaum jemand dafür interessiere. So sei das nun mal. Selbst das Kunstmuseum schräg gegenüber sehe kaum Besucher.

Bunter Durchblick: Die alltägliche Verschleierung der Frauen verwandelt sich zum Kunstobjekt

Die Wüste beleben mit Kreaturen

Treibgut im Sandmeer: Mit seinen Installationen gilt Mohammed Jusuf Ali als Vater der modernen Kunst in den Emiraten

Detailgetreu: Die Karawanserei stammt aus der Sammlung von Scheich al-Qasimi

Treue zum Bild des Orients

Auch der Vortrag nicht, den gerade drei Fotografen auf dem Platz vor seinem Kabuff halten. Ein Projektor wirft Bilder an die Wand, die vorher noch geweißt worden ist; Kunstaufklärung unterm freien Himmel. Ein Kameramann ist da, ein Fotograf, eine Radiojournalistin, ein Zeitungsmann. Die übrigen Stühle besetzen Freunde. Über die Wand flimmert eine Landschaft, die Collage einer Straße, die im Nirgendwo endet.

Man muss das verstehen, sagt Mohammed: Häuser in die Höhe ziehen gehe schnell. Kultur aber brauche Zeit. In der Schule haben die Kinder Kunstunterricht bis zur sechsten Klasse. Dann ist Schluss. Trotzdem: Manche studieren hernach Malerei, Design, Kunstwissenschaft. Vielleicht ist das ein kleiner Erfolg.

Auf dem Weg in die Wüste, Richtung Süden, erhebt sich rechts die Universität. Gegründet 1997, mit Akademien, die aussehen wie das Weiße Haus in Washington, grünem Rasen davor und Alleen, die breiter sind als die Champs-Élysées. Mittendrin hockt das Kunstseminar, vergleichsweise klein. Mehr als 100 Studenten lernen hier. An den Wänden hängen ihre Arbeiten, Fotografien und Gemälde. Die Suche nach Formen und Farben. Abstrakte Gesichter. Eine dicke Frau im rosafarbenen Negligé.

„Gott, ich hasse dieses Bild", sagt Marjam, die Kunst studiert, im fünften Jahr. Das Frauenbild sei ihr zu provokant. Marjam al-Ghurair, 21 Jahre alt, Tochter aus reicher Familie, steht in ihrer Arbeitskammer, drei mal drei Meter groß, ein schwarzer Schleier bedeckt ihren Körper. Sie werkelt an einer kleinen Stoffmaske, bunt und voller Verzierungen. Marjams Thema ist die Burka, die Gesichtsmaske der Frauen in den Emiraten. Sie hat mehrere überdimensionale Objekte an die Wand gehängt, aus rostigem Metall, aus bunten Lampen. Sie sagt: „Viele denken, die Burka bedeute Unterdrückung. Aber das ist sie nicht. Sie ist ein Stück Stoff unserer Tradition." Sie lächelt sanft. Auf ihren rotlackierten Fingernägeln schlängeln sich silberfarbene Blumen. „Man muss ja keine tragen." Marjam trägt keine.

Doch warum sie die Tradition so plakativ an Wände werfe, das verstünden viele Betrachter nicht. Dabei, sagt Marjam, muss Kunst doch die eigene Kultur zum Gegenstand haben. Als politische Aussage? „Ach, jeder soll sehen, was er sehen möchte", sagt sie. Schön wäre es, wenn die Menschen Kunst nicht misstrauisch beäugten. Und irgendwann ihre Arbeiten als Spiegelbild der Gesellschaft begreifen. Eines, das Werte vermittelt. Jenseits von Bauboom, Erdölgeschäft und Tourismus.

Als die Sonne verschwunden ist und der Viertelmond wie eine Wiege im Himmel hängt, bereitet sich die Theatergruppe von Regisseur Abd Allah al-Mena'i darauf vor, ein Bild der Gesellschaft zu zeichnen. Das Stück, das sie probt, heißt „Schließ die Tür". Mohammeds Sohn spielt darin einen alten Mann.

Zerlumpte Gestalten, sechs Männer und eine Frau, erklimmen die Bühne, wanken darüber, sie fressen Dreck und Zeitungspapier, sie schleppen Fässer, auf denen „Öl" steht, sie umschleichen sie wie das Goldene Kalb. „Unsere Sicht der Dinge", sagt hinterher Ahmad Jusuf, der 55-jährige Computeringenieur, den der ägyptische Staat vor 20 Jahren in die Emirate sandte, damit er beim technischen Aufbau helfe. Nun schauspielert er.

Im Stück werde der Wohlstand der Emirate durchleuchtet, der erbaut ist auf dem Rücken der Emigranten, der Inder, Iraner und Indonesier. Immerhin 90 Prozent der Bevölkerung. Natürlich gehe es auch um den einzigen Lebensgrund der Emirate. „Ums Öl. Öl, das aus unserer Erde sprudelt, uns aber nur zum Teil gehört", sagt Ahmad. Er meint die westlichen Ölkonsortien. Das Stück durchziehen viele Anspielungen. Aber das Publikum wird sie verstehen. Ganz sicher. Er blickt zum Regissuer al-Mena'i, und der nickt zustimmend aus dem Plüsch des Theatersessels. „Schließlich ist es unsere Geschichte." Die Geschichte der Araber. „Deswegen endet sie auch ..." Weiter kommt Ahmad nicht. „Nein", ruft der Regisseur, „nicht verraten!" Nur so viel, flüstert er, das Stück ende in Guantánamo, dem Folterlager der Amerikaner auf Kuba. Vom Tonband dringe dann ein markerschütternder Schrei. Ahmad blinzelt. Das Stück sei eben ein bisschen politisch. □

Franz Lenze, *36, Orientalist und Journalist aus Hamburg, war so inspiriert, dass er sich sofort zum Malkurs anmeldete.*
Walter Schmitz, *Fotograf aus Hamburg, hat die Internationalität der modernen jungen Kunstszene in Sharjah erstaunt.*

Oase ist das ganze Land:

Oman

عُمان

In nur drei Jahrzehnten hat sich das Sultanat a Golf zum Modellstaat der arabischen Welt entwickelt – und seinen Märchenzauber bewah

Text: Emanuel Eckardt

Würfel und Zylinder, aneinander gefügt und mit Zinnen bewehrt. Die aufwändig restaurierte Festung von Nakhl vor der Kulisse des Hajar-Gebirges

Foto: Eric Martin

Die Sultan-Kabus-Grand-Moschee in Maskat wurde 2001 eingeweiht. Hier dürfen auch Nichtgläubige eintreten

Frauen sind den Männern gleich gestellt

عُمان

Oman ist jung: Die Hälfte der Omaner sind unter 20 – und mehr als die Hälfte aller Studierenden Frauen

Foto: Christian Heeb

Freitags ist Viehmarkt in der Oase Nizwa. Die Beduinen bieten Ziegen, Schafe und Rindvieh feil. Die Männer handeln und die Frauen verwalten das Geld

Kleine Schnäppchen unter Palmen

عمان

Dhaus ankern bei Sonnenaufgang auf der Reede von Sur. Silbern schimmert der Fang der Nacht im schwarzen Sand, kleine und große Fische, Hammerhaie, Tunfische, mächtige blaue Schwertfische zu Füßen der Männer, die laut um Preise feilschen. Weiches Morgenlicht fällt auf die Gesichter eines Küstenvolkes, in dem Indien, Somalia und Sansibar, Arabien und der Jemen ihre Spuren hinterlassen haben.

98 Prozent des Sultanats Oman, das etwa so groß ist wie Italien, sind Wüste. Schmutzgeier kreisen über der Mondlandschaft, die sich zu einem weichen Nichts aus zimtfarbenem, puderfeinem Sand verliert, hier und da Schirmakazien, der Himmel über der Wüste erfüllt von sengender Hitze, gleißendem Licht.

Exkursion im Geländewagen durch Wahiba Sands. Der Wagenlenker steuert das allradgetriebene Wüstenschiff geradezu zartfühlend durch Dünentäler und über Wellenberge. „Ein Auto musst du behandeln wie eine Frau, ganz vorsichtig", sagt er.

In diesem Land wurde biblische Geschichte geschrieben: Hiob liegt hier begraben, und der heilige Joachim, Jesu Großvater mütterlicherseits. Die Königin von Saba hatte hier einen Palast und Sindbad der Seefahrer seinen Heimathafen. Vor 5000 Jahren entstand hier die erste Hochkultur, fast 1000 Jahre herrschten die Perser. Dann kam der Islam, wachte die Seemacht Oman über die Küsten Persiens, Indiens und Ostafrikas, bis 1856 hatte sie ihre Hauptstadt auf Sansibar.

Lange vorher war in Oman die Dynastie der al-Bu Zayed an die Macht gekommen. Ihre Herrscher führen seit 1780 den Titel Sultan. Noch 1970 lag Oman im tiefsten Mittelalter. Im Reich des Sultans Zayed bin Taimur herrschte noch Sklaverei. Frauen, die der Untreue verdächtig waren, wurden gesteinigt. Es war verboten, Bücher zu lesen oder Radio zu hören, Hosen oder Brillen zu tragen oder andere Schuhe außer Sandalen. Es gab drei Koranschulen für Knaben, ein Krankenhaus, ein Postamt, zehn Kilometer Teerstraße und kein Telefon.

Sultan Zayed bin Taimur unterzeichnete noch jede Autozulassung persönlich, ein argwöhnischer Menschenfeind, der sich von der Außenwelt abkapselte. Er verließ in den letzten 17 Jahren seiner Regentschaft nicht mehr seinen Palast, in dem er mit 170 Frauen lebte. Draußen war Krieg, tobten Aufstände. Der Süden kämpfte gegen den Norden, im Landesinneren versuchte der Imam der Ibaditen einen souveränen Staat zu errichten. Die islamische Sekte der Ibaditen galt als gemäßigt, der Imam war ihr gewähltes Oberhaupt, aber in Machtfragen kannte der Sultan kein Pardon. Er rief die Engländer zu Hilfe. 1959 bombardierte die britische Luftwaffe die Festung und die Stadt Tanuf, das Zentrum der Aufständischen. Die gaben auf. „Shame! Shame!", protestierten Unterhausabgeordnete in London gegen den brutalen Einsatz ihrer eigenen Streitkräfte, aber der Sultan hatte sein Ziel erreicht.

Verbindungen zu England haben in Oman Tradition. Bis 1930 war der Wüstenstaat britisches Protektorat. Auch wenn der Sultan militärische Hilfe in Anspruch nahm, er litt unter der britischen Einflussnahme, hasste westliche Dekadenz. Widerwillig ließ er es zu, dass sein Sohn Kabus in England studierte.

Der Prinz hatte in Oman islamisches Recht und in England Verwaltung studiert, die Königliche Militärakademie in Sandhurst absolviert und bei der britischen Rheinarmee gedient. Als er aus Europa zurückkehrte, war der Vater nicht für ihn zu sprechen. Kabus bin Zayed lebte faktisch unter Hausarrest. Nach vier Jahren beschloss er, mit britischer Hilfe ein Ende der unwürdigen Situation herbeizuführen. Am 23. Juli 1970 begab er sich mit vier englischen Offizieren in den Palast des Vaters. Es kam zu einem Handgemenge. Der Sultan griff zur Pistole. Schüsse fielen. Ein Engländer und der Sekretär des Sultans starben, der Herrscher schoss sich selbst in den Fuß. Er wurde in ein Krankenhaus nach England geflogen und kehrte nicht mehr zurück. Zwei Jahre später starb er in seinem Londoner Exil.

Da befand sich sein Reich schon auf dem Weg ins 20. Jahrhundert. Als Erstes schickte der junge Sultan die Jugend des Landes zur Schule, einige Beduinenkinder ließ er sogar mit dem Hubschrauber zum Unterricht fliegen. „Die Ketten der Unwissenheit sollen zerbrochen werden", erklärte er und verordnete dem Land, in dem 90 Prozent der Menschen Analphabeten waren, ein effektives Bildungssystem. Heute gibt es im Sultanat Oman 980 öffentliche und 123 private Schulen mit 350 000 Schülern. Unterrichtet wird in Arabisch, der Amtssprache, und Englisch, der Handelssprache Omans.

Das Sultanat investiert in seine Köpfe. Ein Viertel des Staatshaushaltes fließt in die Bildung. An der Sultan-Kabus-Universität und mehreren privaten Hochschulen sind rund 15 000 Studenten eingeschrieben, mehr als die Hälfte weiblich. „Ungebildete Frauen können keine freien Kinder erziehen", soll Sultan Kabus gesagt haben. Frauen sind in ihren Rechten und Pflichten den Männern gleich gestellt, bekommen gleichen Lohn für gleiche Arbeit und haben Anspruch auf ein Erziehungsjahr, wenn sie ein Kind geboren haben. Auf eine Frau im Oman kommen statistisch 5,6 Geburten. Die Hälfte der Bevölkerung ist jünger als 20 Jahre.

Sultan Kabus bin Zayed regiert sein Reich wie ein Sonnenkönig. Sein Bild ist allgegenwärtig, ziert Geldscheine, Büros und Geschäfte. Es zeigt einen schönen Mann mit weißem Bart und dunklen Augen. Nur im Westen ist das Gesicht kaum bekannt. Dabei verdiente Sultan Kabus, in aller Welt gerühmt zu werden, denn Allah hat ihn, anders als die Eiferer und Brandstifter, die seinen Namen missbrauchen,

Hinter dem doppelten Kielbogen begrüßt ein Wärter die Besucher der Nakhl-Festung. Einmal in der Woche hält hier der Wali, der Provinzgouverneur, Audienz

Im toten Gebirge ein grüner Fleck

عُمان

Dattelpalmen säumen die kunstvoll angelegten Terrassen der Bergoase Bilad Sayt am Rand des Westlichen Hajar

Angetreten zum Jubeltag

عمان

Als Sultan Kabus bin Zayed 2005 seinen 65. Geburtstag feierte, formierten sich Omanis zu einem Waffentanz

mit großer Weisheit ausgezeichnet, mit Augenmaß und Güte. Es ist die Lebensleistung des 13. Sultans von Oman, sein Land befriedet und gleichsam von Null ins 21. Jahrhundert geführt zu haben.

10000 Kilometer perfekt ausgebaute Asphaltstraßen erschließen den Wüstenstaat. In der Regierungszeit von Sultan Kabus hat sich die Bevölkerung Omans auf etwa zweieinhalb Millionen verdoppelt. Die Kindersterblichkeit ging zurück, die durchschnittliche Lebenserwartung stieg von 46 auf 73 Jahre bei den Männern und 76 Jahre bei den Frauen. Im ganzen Land gibt es die kostenlose Gesundheitsvorsorge.

Der Sultan geizte nicht mit Geschenken. Fischer bekamen ein Boot, ein Haus, sogar ein Auto, damit sie den Fisch auch ins Land bringen konnten. Den Beduinen schenkte er moderne Vierzimmerburgen im arabischen Stil mit fließend Wasser und Klimaanlage. Kein Omani muss Steuern zahlen.

Die Arbeit machen vor allem Ausländer. Rund 700000 leben im Oman, meist Inder und Pakistani. Ägypter, Tunesier und Marokkaner arbeiten als Lehrer. Ausländer besetzen in der Privatwirtschaft rund 85 Prozent der Arbeitsplätze und halten im Staatsdienst, trotz aller Kampagnen für die Omanisierung, rund ein Fünftel der Stellen.

Die Grenzen der Toleranz sind klar gezogen. Der Islam ist Staatsreligion, Alkohol für Omaner tabu, Prostitution, anders als in Dubai, streng verboten. Es herrscht eine moderate Kleiderordnung. Die Männer tragen über dem Unterkleid eine fliederfarbene Dischdascha.

In den Ministerien ist eigentlich die Farbe Weiß vorgeschrieben. Aber eines Tages kam jemand auf die Idee, sein Gewand farbig zu tönen, seither liegt ein Hauch von Lila über der Männerwelt. Frauen hüllen sich in die Abaya, ein sackartiges schwarzes Kleid. Es gibt zwar keinen Kopftuchzwang, aber das anerzogene Schamgefühl gebietet das Verhüllen weiblicher Reize, was auch Ausländerinnen respektieren sollten. Wenn aber ausländische Männer eine Dischdascha tragen, ist das eher peinlich.

Als Rechtsnorm gilt die Scharia. Politische Parteien und eine freie Presse sind nicht zugelassen, Gewerkschaften und Wahlversammlungen verboten. Doch es gibt ein gewähltes Parlament, eine beratende Versammlung mit 82 Mitgliedern, das durchaus einflussreiche Unterhaus. Ihm steht nach britischem Muster ein Oberhaus gegenüber, dem 42 vom Sultan ernannte Persönlichkeiten aus Politik, Wirtschaft und Kultur angehören.

Im Kabinett des Sultanats sitzen drei Frauen als Ministerinnen, höchst ungewöhnlich für ein arabisches Land. Der Herrscher bestimmt als Premierminister die Richtlinien der Politik und leitet auch das Außen-, Verteidigungs- und Finanzministerium. Außenpolitisch verfolgt der Sultan einen eigenständigen und gemäßigten Kurs. Als nach dem Friedensschluss des Ägypters Anwar al-Sadat mit Israel die arabischen Staaten ihre Botschaften in Kairo schlossen, hielt allein Kabus die Beziehungen aufrecht. Israels 1995 ermordeter Premierminister Jitzak Rabin machte einst Oman zum Ziel seiner ersten Reise an den Golf. Israel eröffnete eine Handelsmission in Maskat, musste sie allerdings nach Ausbruch der zweiten Intifada wieder schließen.

Sechsspurige Straßen führen in die Metropole Maskat, die heißeste Hauptstadt der Welt, mit verschwenderisch angelegten Parks und prachtvollen Blumenrabatten. Hier wirft der Mensch im Juli keinen Schatten mehr, klettern die Temperaturen auf 45 oder gar 50 Grad Celsius. Nach Sonnenuntergang ist die Stadt ein Lunapark, strahlen Paläste und Moscheen aus dem Dunkel, bilden theatralische Kulissen für ein Märchen aus Tausendundeiner Nacht. In der Sultan-Kabus-Grand-Moschee strahlt der größte Kristall-Lüster der Welt, 14 Meter hoch und 8,5 Tonnen schwer. Er wurde gebaut vom Familienunternehmen Kurt Faustig in Stockdorf in Bayern.

Oman ist der einzige Staat der arabischen Welt mit einem Sympho-

Wer nicht rastet, rostet

عمان

Entspannung von der Feldarbeit: Bauern verbringen am Wadi Tiwi die Mittagspause mit Lektüre

nieorchester, das nur mit Einheimischen besetzt ist, durch überwiegend britische Berater bestens geschult in abendländischer Musik von Mozart bis Beethoven. Dann und wann taucht der Herrscher im Konzerthaus des Luxushotels al-Bustan Palace auf, um den jungen Musikern beim Proben zuzuhören, und wehe, es liegt etwas herum. Eines Tages sah er auf dem Fußboden eine weggeworfene Orangensaftpackung. Wütend hob er sie auf und schleuderte sie ins Stimmzimmer.

Der Sultan hasst Unordnung, lässt auch schon mal ein ganzes Stadtviertel abräumen, wenn dessen Anblick nicht seinen Vorstellungen entspricht. Kein europäischer Staat ist so sauber wie Oman. Kein Fetzen Papier liegt am Straßenrand, kein Zigarettenstummel beleidigt das Auge. Wer mit schmutzigem Auto umherfährt, riskiert seine Fahrerlaubnis.

Neuer Glanz soll das Alte vergessen machen. Ein Vater-Sohn-Konflikt? Mindestens ein Abschied von Gestern. Wer den romantischen Orient sucht, muss sich beeilen. Das schattige Chaos alter Souks weicht klimatisierten Shopping-Arkaden. Traditionelle Lehmbauten wie im benachbarten Jemen sind selten geworden, Ruinen nicht erwünscht. Historische Architektur erfährt konsequente Schönheitsoperation. Jahrhundertealte Burgen werden renoviert und glatt verputzt, fugenlose, leblose Architekturkonserven ohne Patina.

Dhofar, der Süden. Hier wurde der Sultan geboren. Sandmeere verlieren sich am Horizont. Irgendwo da hinten beginnt der Jemen. In Dhofar wächst Weihrauch, *Boswellia Sacra*; rund 8000 Bäume soll es noch geben, sie sehen angegriffen aus, altersgraue Skelette, die nur wenige Blätter in den Himmel recken, so hoch, dass sie vor dem Biss der Kamele sicher sind. Beduinen ritzen die Rinde an, ernten das herausquellende kostbare Harz. Weihrauch, einst mit Gold aufgewogen, war das Geschenk der Könige aus dem Morgenland. Es besänftigt die Götter, beruhigt die Dschinnen, die bösen Geister, vertreibt die Moskitos am Abend, kann Halluzinationen auslösen.

Weihrauch macht niemanden mehr reich. Der Schatz Omans liegt tief unter dem Wüstensand. Seit 1967 wird in Oman Öl gefördert, Sultan Kabus nutzt die munter sprudelnden Einnahmen, um seinen Wüstenstaat fit zu machen für die Zeit nach dem Öl. 20 Jahre sollen die Vorräte noch reichen, Erdgasfunde sichern die Zukunft für vielleicht weitere 90 Jahre.

Die Zukunft ist eine Großbaustelle. Rund 200 Kilometer nordwestlich von Maskat entsteht in Sohar, der Stadt Sindbads, das größte Industrieprojekt der arabischen Welt, werden für mehr als zwölf Milliarden Dollar Kraftwerke, Stahlwerke, petrochemische Betriebe, eine Raffinerie, eine Aluminiumhütte und ein Tiefwasserhafen gebaut. In der Hafenstadt Salalah entstand bereits einer der größten Containerhäfen der Welt, ein Tiefwasserhafen, der auch die Mega-Carrier der neuen Superklasse abfertigen kann. Das Land öffnet sich dem Tourismus. Internationale Hotelketten sind inzwischen präsent. 6000 Gästebetten stehen bereit. Mit einem Investitionsvolumen von einer Milliarde Dollar sollen Großprojekte nach dem Muster Dubais gefördert werden, „The Wave" und „Blue City", Luxusresorts mit Yachthäfen, Golfplätzen und Vergnügungsparks vor den Toren Maskats, aber auch Spezialkliniken, Universitäten und Schulen.

Der Sultan hat dem Land einen Weg in die Zukunft gewiesen. Er war dreißig, als er die Macht übernahm, nach westeuropäischem Verständnis hat er 2005 das Rentenalter erreicht, aber das gilt nicht für Wüstensöhne. Von einer Sultanine ist nichts bekannt. Da er keinen Sohn hat, der sein Erbe antreten könnte, kann es sein, dass er den fähigsten unter seinen zahlreichen Neffen zum Nachfolger bestimmen wird. Inshallah. □

Emanuel Eckardt, *Jahrgang 1942, ist freier Reporter in Hamburg und Egon-Erwin-Kisch-Preisträger.*

Sindbads Enkel

Wasserpfeife rauchen und abwarten: Tag für Tag hocken die Fischer auf dem Felsen am Persischen Golf und hoffen auf volle Netze

Zerklüftet und abgeschieden ist die omanische Halbinsel Musandam an der Straße von Hormus. Die Menschen hier leben vom Fischfang – und vom Schmuggel

Text: Franz Lenze, Fotos: Walter Schmitz

Die Fjorde von Musandam: Hänge im Dunst ragen aus kristallklarem Meer

Seit Jahrhunderten ziehen Dhaus, die traditionellen Lastensegler, durch die Gewässer zwischen den Felsen – heute haben sie oft Touristen an Bord

Die Iraner kaufen, die Omanis liefern steuerfrei – der Handel funktioniert

Schleppen, was in die Schnellboote passt: iranische Schmuggler im Hafen von Khasab

Über 2000 Meter ragen die Gipfel der Hajar-Berge auf, an die Flanken klammern sich kleine Felder

Kaum wirft die Sonne ihre Strahlen aufs Wasser, kommen die Boote. Wie dünne Striche ziehen sie übers Meer, erst zwei, drei, dann immer mehr. Dröhnend nähern sie sich dem Ufer. Krumm hocken Männer an den Steuerrädern, die Augen gerötet. Vom Fahrtwind, von der Müdigkeit. Hinter sich gelassen haben sie die Nacht, den Persischen Golf, ihre Heimat Iran. Die Männer sind Schmuggler.

Ihr Ziel: der Hafen von Khasab, Küstenoase am Rande der Welt, 17 000 Einwohner, Provinzhauptstadt der Halbinsel Musandam. Zwei Kais, vier größere Hallen. Möwen stürzen sich hungrig ins Wasser, auf einer Baracke flattert die Flagge des Sultanats Oman. Der Zoll. Im Türrahmen lehnt ein Polizist. Die Staatsmacht hat nichts gegen die Männer, solange ihre Papiere in Ordnung sind. Die Iraner kaufen, die Omanis liefern. Steuerfrei.

Abbas schwitzt. Die Sonne hat Falten in sein Gesicht gebrannt, die Haare wirken grau. Er ist 28 Jahre alt. Das Wort Schmuggler hört er nicht gern. Händler gefällt ihm besser. Heute handelt Abbas mit Motoren, die im Matsch des Hafens liegen. Mit alten, ausgedienten, die aus Maskat kommen, Omans Hauptstadt. Zehn hat der Bauch seines Schnellboots schon geschluckt, „noch zwei, drei", sagt er, „dann ist Schluss." Für heute.

Der Gestank von totem Fisch zieht herüber und mit ihm wehen Angebote durch die Luft: „20, 15, 10, kommt schon, 10, das ist ein guter Preis." Auf dem Kai nebenan verkaufen Fischer ihren Fang, doch Abbas und seine Freunde interessieren keine Zackenbarsche und Barrakudas, keine Thunfische oder Haie, jetzt nicht. Sie haben nur Augen für wasserdicht verpackte T-Shirts aus Dubai, Handys aus China, Zigaretten von sonst woher, billige Uhren, die nach Rolex aussehen.

Die ersten Schmuggler kamen 1979, nach der iranischen Revolution. Anfangs waren es nur ein paar Boote am Tag, heute kommen 50, manchmal 80. Ihr Begehr: Telefone, Kleidung, Tee, Ersatzteile für Autos, Fernseher, Zigaretten. Meist tolerieren die iranischen Küstenwachen den Handel. Manchmal nicht. Dann schießen sie. Oder halten die Hände auf. Abbas reibt mit dem Daumen über den Zeigefinger: „Bakschisch." Bezahlen rettet Leben. Was wäre schon der Wert eines Menschen da draußen, im weiten Golf? Lohnt sich die Angst? Achselzucken. Verdienst du gut? Er schweigt.

Für einen Moment senkt er den Kopf. „Viel bleibt nicht übrig." Immerhin aber mehr, als er auf der anderen Seite des Golfs verdienen würde, im Basar oder in einer Werkstatt. Drüben, in Bandar-e Lengeh, seiner Stadt. Aber reich werden? Abbas deutet auf seine Kleidung. „Sieht so ein reicher Mann

Wenn die **Sonne** hinter den **Hajar-Bergen** verschwindet, kehrt Frieden ein in Khasab

Bevor der Muezzin zum Abendgebet ruft, flicken die Fischer von Khasab noch rasch ihre Netze

Einmal am Tag ist Fischmarkt in Khasab. Dann gibt es Zackenbarsche, Barrakudas, Thunfisch – und Haie

Der **Persische Golf** ernährt noch immer die Menschen von Musandam

aus?“ Das Salz des Meerwassers hat weiße Streifen um seine Hosenbeine gezogen. Das Hemd hat Löcher. Das Geld machen andere.

Ein Kleinlaster rollt ans Ufer. Auf der Ladefläche stapeln sich Pakete, wasserdicht verklebt. „Zigaretten, Uhren, Klamotten“, sagt Abdallah, 20 Jahre alt, die Arme verschränkt. Er hat einen Laden in der Stadt. Import, Export. Die Iraner sind seine besten Kunden. Der Polizist grüßt herüber. Einer der Schmuggler drückt ihm ein Bündel Geldscheine in die Hand.

Wie viel bekommst du, Abdallah?

Er blinzelt. „Genug.“ Am kleinen Finger glitzert der Siegelring.

Angeblich werden Tag für Tag Waren im Wert von 250 000 Dollar über den Golf geschmuggelt. Manche sagen, es seien 500 000. Für Omanis ein lohnendes Geschäft. Denn die Iraner kaufen alles, was in ihre Boote passt.

Hinterm Hafenzaun hält ein kleiner Bus, dem ein paar Urlauber entsteigen, ihre Kameras im Anschlag. Nirgends lässt sich der Gesetzlosigkeit gefahrloser ins Antlitz blicken. Für Touristenführer sind die Schmuggler eine spannende Zugabe. Schaut, das ist der Orient! Eine leichte Brise weht über Khasab hinweg, sanft zieht sie weiter über die zerklüftete Halbinsel: Musandam, Etappenziel der Portugiesen auf ihrer Suche nach Gewürzen, Besitz der Briten, Piratenversteck, seit 1970 omanisches Hoheitsgebiet, militärisches Sperrgebiet bis 1990. Sindbad, der Seefahrer aus „Tausendundeine Nacht“, soll hier vorbeigesegelt sein.

Unterwegs. Vom Land aufs Wasser, Gischt umschäumt den Bootsbug. Rasch versinkt Khasab im Dunst des Tages, vermischen sich die weißen Häuser mit dem Grün der Dattelpalmen. Hinein ins Khor ash-Shamm, den größten Fjord der Halbinsel. Rötlich schimmernd erheben sich die Felsen, gestreift vom goldgelben Licht der Sonne. Vorbei ziehen winzige Fischerdörfer. Vorbei zieht die kleine Insel, auf der die Briten 1864 eine Telegrafenstation errichteten, finster beäugt von den Einheimischen. Delfine tauchen aus dem kristallklaren Meer auf, Schwärme von fliegenden Fischen schwirren übers Wasser.

Ein weißes Boot rast heran, Marke „Sindbad“, der Kapitän grüßt, sein weißes Gewand ist vom Fahrtwind aufgebläht, winkend rast er weiter, ans äußerste Ende des Fjords. Nach Sibi, dem Fischerdorf. 100 Einwohner.

Am Ufer liegen Boote, Fischernetze, Kinder spielen im Sand. Mahbub, längst am Ufer, streckt die Hände aus und sagt: „Ahlan wa-sahlan!“ Seid willkommen! Sein Gesicht ist schmal, vielleicht ist er 40 Jahre alt, vielleicht auch 50. Mahbub al-Thuhuri, der Fischer. Sein Haus, flach und grau, liegt direkt am Ufer, wie alle Häuser hier, 16, 17, mehr sind es nicht, der Putz bröckelt. Ein Mädchen trägt ein Tablett herein, Datteln darauf und süße Joghurtsuppe. „Meine Tochter“, sagt Mahbub, er streichelt ihren Kopf. „Setzt euch, bitte, setzt euch.“ Der Boden ist mit Teppichen bedeckt, die sich wie Plastik anfühlen. Kissen lehnen an den Wänden, goldene und rosafarbene, in der Ecke steht ein Regal, darin ein Fernseher, der grünstichige Nachrichten in den Raum schickt. An der Wand: ein Bild von Sultan Qabus, Omans Herrscher seit 35 Jahren. Und Fotos: die Thuhuris als Großfamilie.

Elf Kinder haben sie, er und seine Frau, sagt Mahbub und zieht die Stirn kraus, als sei er sich plötzlich nicht mehr sicher. Dann zählt er mit den Fingern nach, doch, es stimmt, er muss lachen, elf Kinder, fünf Mädchen, sechs Jungen. „Was wäre wichtiger als die Familie?“ Ohne Familie, sagt er, würde es das Dorf nicht mehr geben, würde es sie nicht mehr geben, die seit Jahrhunderten hier leben und dem Meer den Fisch abjagen.

Doch langsam dringt die neue Zeit in den Fjord ein, ankern immer wieder Boote vorm Dorf, glänzend lackierte Dhaus, diese jahrhundertealten Transportschiffe, an Bord Touristen, die

gucken und fotografieren. Mahbub, im Schneidersitz, wiegt den Kopf. „Die Ruhe gehört nicht mehr uns." Irgendwann werde Musandam aufhören zu existieren. Alles werde sich verändern. Sibi, sein Dorf. Khor ash-Shamm, sein Fjord. Khasab verändert sich ja schon.

Weit hinter der lehmverputzten Festung, von den Portugiesen im 17. Jahrhundert erbaut, weiter noch hinter den Dattelpalmenhainen, erstreckt sich Khasabs Neustadt. Verwaltungsgebäude, Banken, dreistöckige Häuser, breitere Straßen. Zwei Schulen, eine für Mädchen, eine für Jungen.

Auf dem Pausenhof steht Mohammed, 17 Jahre alt, Sohn des Mahbub al-Thuhuri, Fischer aus Sibi. „Kommt", sagt er, läuft durch die Schule, blankgeputzte Flure, sein Zimmer, er reißt den Schrank auf, „seht!", seine Schätze: Plakate der Fußballglobalisierung, Ronaldinho, Ballack, Beckham. Mohammed liebt Fußball. Das Spiel ist fast der einzige Zeitvertreib für Khasabs Jugend. Deshalb will Mohammed weg. Nach Maskat, in die Hauptstadt, 500 Kilometer weit. Was willst du dort machen? „Studieren, Wissenschaften." Welche, Mohammed? „Mathematik, vielleicht Physik." Und deine Familie? Sibi? Die Fischerei? Mohammed greift an seinen schmalen Bart. Er sagt: „Vielleicht kehre ich danach zurück." Er hebt die Arme gen Himmel. „Insch' Allah." So Gott will.

Gelächter dringt herüber, es ist später Nachmittag, am Brunnen im Nachbarviertel hockt ein Mann, pudelnass. Ahmed lacht aus vollem Hals, er klopft seinem Nachbarn auf die Schultern. Ismail, sein Cousin, heiratet, also kippen sie Schüsseln voller Wasser über ihm aus; ein altes Ritual. Danach zieht die ganze Familie singend durch die Straßen.

300 Menschen, vorweg schwarz verhüllte Frauen, die Schüsseln mit Weihrauch tragen, gefolgt von weißgewandeten Männern, die Schwerter durch die Luft wirbeln. Ihr Gesang erhebt sich über die flachen Häuser, die Strophen wehen über eine Dattelplantage, sie hallen wider von den Wänden einer Moschee. Hinter dem Viertel ragt senkrecht der Fels des Hajar-Gebirges auf, das ein paar Kilometer landeinwärts, am Jebel Harim, noch 2087 Meter hoch ist.

Ahmed al-Shehi reicht seine Visitenkarte rüber: „Musandam Sea Adventure Tourism". Ahmed ist der Chef. Er macht sein Geld mit der Sehnsucht nach Abgeschiedenheit. Nach Ursprünglichkeit. „Die Welt ändert sich, wir ändern uns auch", sagt er. „Wir haben Computer und Autos." Sein Atem riecht nach Bier. „Aber wir heiraten nach uralten Überlieferungen." Kurz schweigt er in den Gesang der Männer. „Ist es etwa schlecht, wenn wir an unseren Traditionen festhalten?" Dann klingelt sein Handy.

Vor einer Moschee machen alle Halt. Die Männer wiegen die Oberkörper rhythmisch zu ihrem Singsang, bis riesige Tabletts gebracht werden, auf denen Reis und Schaffleisch dampfen. Das letzte Mahl. Drei Tage haben sie gefeiert, nun ist Hochzeitsnacht, und Ismail, der Bräutigam auf seinem Kissen, wartet. Auf seine Braut, die gerade herausgeputzt wird von den Frauen.

Die Sonne verschwindet hinterm Gebirge. Auf der Straße hocken ein paar Inder und spielen Karten, Laternen tauchen die Stadt in gelbes Licht. Im Hafen rollen noch immer schwerbeladene Wagen ans Ufer, zurren die Iraner Pakete auf ihren Booten fest. Aus der Stadt hallt der Ruf des Muezzins herüber, „kommt zum Gebet, kommt zum Heil". Schwach nur dringt die Aufforderung ans Ohr der Männer. Ihre Zeit drängt, denn zu Hause warten die Händler auf Ware.

Mit der hereinbrechenden Dunkelheit verschwinden sie. Zwei Mann besteigen ein Boot, manchmal nur einer, je nachdem, wie viel sie geladen haben, wie gut der Kahn noch zu manövrieren ist. Die Motoren heulen auf, dann ziehen sie davon.

Irgendwann verliert sich das surrende Geräusch ihrer Boote in der Ferne. Sacht schlagen die Wellen ans Ufer. Zurück bleibt der Persische Golf, schwarz und still. In Khasab beginnt die Nacht. □

Musandam verändert sich rasch, doch Traditionen werden beharrlich gewahrt

Wer heiratet, wird vorher gewaschen: zur Freude der Familie und Passanten öffentlich am Brunnen

Sender ohne Grenzen

Im Jahr 2003 gegründet, hat der Nachrichtensender al-Arabija dem Konkurrenten al-Dschasira bereits den Rang abgelaufen. Der Standort Dubai bietet Journalisten einen im Nahen Osten unerhörten Luxus – fast uneingeschränkte Pressefreiheit

Text: Ulrike Putz

Auf Wiedersehen, ma'as-salaama und bis morgen!" Suhair Murtada zeigt ihr perfekt geschminktes Lächeln noch fünf Sekunden der Kamera, dann gehen die Scheinwerfer aus. Suhairs Maske der guten Laune verzieht sich: „Ich bin trotzdem der Meinung, dass wir den Libanon größer ins Programm hätten nehmen sollen", sagt die Nachrichtensprecherin. Der Chef der Libanesin grinst und deutet auf ein Papier, das jemand an die Pinnwand geklebt hat. „Und das ist der Grund, warum wir es nicht gemacht haben", sagt er. „United Nations of Al Arabiya", steht auf dem Zettel.

Alltag beim Fernsehsender *al-Arabija* in Dubai, dem neben *al-Dschasira* zweiten großen Nachrichtenkanal für die arabische Welt. Während Suhair den Platz vor der Kamera räumt, diskutieren ihre Kollegen aus Kuwait, Ägypten und Saudi-Arabien bereits die Themen für die Spätnachrichten. Tarik, der Produzent aus dem Sudan, schreibt mit, Redaktionsleiter Nabil Khatib überlässt die kleine Konferenz sich selbst und drückt den Klebestreifen am United-Nations-Zettel noch einmal fest.

„Der Nahe Osten ist ein Pulverfass", sagt Khatib, während er durch den Sender eilt. Wände voller Bildschirme zeigen, was in der Welt passiert, an den mit neuester Technik ausgestatteten Schreib- und Schnittplätzen wird konzentriert agiert. „Hier arbeiten 120 Leute aller arabischen Nationalitäten zusammen. Das ist der Garant dafür, dass *al-Arabija* die Lunte an dem Pulverfass nicht zündet", sagt Khatib. Seit zwei Jahren ist der Palästinenser Nachrichtenchef von *al-Arabija*. Vorher war er Dozent in Ramallah, hat als Korrespondent in Jerusalem gearbeitet – so gut es eben ging mit der israelischen Polizei, die ihn immer wieder an Checkpoints festgehalten habe. Jeder sei durch seine Herkunft geprägt, sagt er. „Wir leben in einem Teil der Welt, in dem Krieg immer als Option gilt. In unseren Konferenzen gehen sich die Redakteure aus verfeindeten Ländern manchmal sehr scharf an. Aber nur so kommen wir auch zu fairen Nachrichten." Seine Redaktion sieht er als panarabischen Glücksfall: „Würden alle Araber so viel miteinander reden wie wir, wäre diese Ecke der Welt friedlicher."

Al-Arabija ging erst 2003 auf Sendung. Inzwischen ist es im Irak, in Saudi-Arabien und Ägypten der am meisten gesehene Nachrichtensender. „*Al-Dschasira* ist so reißerisch wie *CNN*, *al-Arabija* so seriös wie die *BBC*", lautet der viel zitierte Vergleich der Konkurrenten. Sein Image verdankt *al-Arabija* seinem journalistischen Kodex: Propagandabotschaften von Terroristen werden nicht gesendet, Entführungsvideos nur in Ausschnitten.

Jeden Tag erreicht *al-Arabija* rund 70 Millionen Zuschauer, schätzt Khatib, knapp ein Viertel der arabischsprachigen Bevölkerung. Das ist vor allem ein riesiger Werbemarkt – für den kommerziellen Sender lebensnotwendig. „Doch wer im Nahen Osten einen Nachrichtensender gründet, hat mehr als nur den Profit im Blick", sagt Khatib, „damit nimmt man enorme Verantwortung auf sich". Besitzer der Middle East Broadcasting Center (MBC), zu der *al-Arabija* gehört, ist ein Saudi. Scheich Walid al-Ibrahim ist mit der Königsfamilie verschwägert, sieht sich aber vor allem als Unternehmer. Der bahnbrechende Erfolg des 1996 vom Emir von Katar gestarteten Senders *al-Dschasira* regte ihn an, ebenfalls einen Nachrichtensender zu gründen. Khatib vermutet politische Beweggründe. „Wer in der arabischen Welt einen Wandel einleiten will, kann das vielleicht nicht auf politischem Weg tun. Moderate, aufklärende Berichterstattung ist dagegen machbar – dank Dubai."

Der Standort Dubai ist der Schlüssel zum Erfolg von *al-Arabija*. Scheich Mohammed bin Raschid al-Maktoum, damals Kronprinz, heute Herrscher des Emirats, hatte schon 2000 erkannt, dass die Medien mehr Spielraum brauchen. „Gehen wir nicht mutig selbst an unsere Probleme heran, wird es ein anderer tun. Und der wird keine Rücksicht auf unsere Interessen nehmen", so der Scheich. 2001 ließ die Regierung die Media City bauen: eine journalistische Freihandelszone, in der ausländischen Medien per Gesetz „Schaffensfreiheit" zugesichert wurde. Die Medienstadt

der Zentrale von al-Arabija ist Nachrichten-
precherin Suhair Murtada auf Sendung

entstand im Wüstensand zwischen Sheikh Zayed Road und Strand. Wer hinein will, muss sich am Schlagbaum ausweisen. An den Hightech-Fassaden der Büros leuchten die Logos von *CNN, Reuters* und *AP*. Zwischen den Gebäuden dienen makelloser Rasen und Springbrunnen als Kulisse für Open-Air-Interviews. Die örtliche Zensurbehörde, die etwa bei den Magazinen für den Dubaier Supermarkt nach wie vor die Fotos stillender Mütter schwärzen lässt, hat in der Free Zone nichts zu sagen. „So viel Freiheit gibt es sonst nirgends in der arabischen Welt", so Khatib.

„Closer to a truth", einer Wahrheit näherkommen will *al-Arabija*. „Wir wollen mehr zeigen als Krieg, Bomben, Tote", sagt Khatib. Das Publikum dankt es: Quotenhit des vergangenen Jahres war im Leseland Irak eine Serie über die Antiquariate Bagdads, gefolgt von einer Sendereihe über irakischen Gartenbau. Seinen Ruf verdankt der Sender jedoch journalistischen Kabinettstücken wie dem Interview mit dem nach Paris emigrierten früheren syrischen Vizepräsidenten Ende 2005. Vor laufender Kamera verlor Abdul-Halim Khaddam die Contenance und bezichtigte den syrischen Präsidenten Baschar al-Assad des „Verrats" an seiner Heimat. Die Redaktionsleiter von *al-Arabija* hielten den Atem an – und ließen das Interview laufen, drei Stunden lang. Von Casablanca bis Damaskus verfolgte die arabische Fernsehgemeinde, wie ein Eingeweihter die Korruption anprangerte, von der alle Regierungen der Region zerfressen seien. Als der Abspann lief, wollten Tausende von Zuschauern am Telefon ihrem Zorn über die herrschende Kaste Luft machen. Und Syrien tobte, das Interview sei abgekartet gewesen.

Um zu verstehen, warum eine einzelne Sendung Schockwellen der Empörung durch den Nahen Osten schicken kann, muss man die Macht des Fernsehens begreifen. Von Marokko bis Irak, vom Sudan bis Syrien ist die arabische Welt über Grenzen und Ideologien hinweg geeint. Zusammengeschweißt wird sie durch eine gemeinsame Sprache und durch einen gemeinsamen Feind: Israel. Millionen von Arabern haben kaum eine Chance auf Bildung – ihre Sicht der Dinge stammt aus dem Fernsehen.

Es gibt einen Grund, dass *al-Arabija* trotz aller Freiheit sein Gastland Dubai selten kritisiert: „Jedes arabische Land hat größere Probleme als die Emirate", sagt Khatib. *Al-Arabija* habe keine Lokalausgaben, bei nur einem Programm für alle Länder müssten die wirklich großen Konflikte im Mittelpunkt stehen. „Allein im Nachbarland Saudi-Arabien haben fünf Millionen Menschen keine Arbeit, wie sollten wir da ein Lamento auf die Problemchen in Dubai rechtfertigen?" Trotzdem habe *al-Arabijas* Anwesenheit auch für Dubai etwas verändert, meint Khatib. „Unsere Freiheit hat auf die lokale Presse abgefärbt." Zum Beispiel auf die große englischsprachige Tageszeitung *Gulf News*. „‚Fünf Einheimische verurteilt, weil sie chinesische Bauarbeiter nicht bezahlten'", liest Khatib vor. „Eine solche Schlagzeile wäre vor drei Jahren undenkbar gewesen." □

MERIAN SHOP
BESTELLEN SIE JETZT!

Genießen Sie 50 große Romane und Klassiker des 20. Jahrhunderts – von Milan Kunderas genialem Roman „Die unerträgliche Leichtigkeit des Seins“ über William Faulkners „Die Freistatt“ bis Italo Calvinos „Wenn ein Reisender in einer Winternacht“! Bestellen Sie diese einzigartige Edition zum Sonderpreis von 196 Euro.

TOP-ANGEBOT!

Süddeutsche Zeitung | Bibliothek

im Gesamtpaket: 50 große Romane des 20. Jahrhunderts. Ausgewählt und zusammengestellt von der Feuilletonredaktion der renommierten Süddeutschen Zeitung. Exklusive Hardcover-Ausgaben im Schutzumschlag zu einem unschlagbaren Preis. Sichern Sie sich jetzt alle 50 Bände der begehrten und bereits an vielen Stellen ausverkauften SZ-Bibliothek im Gesamtpaket.

MERIAN live!
New York
Mit Kartenatlas, Tourenplaner, Tipps für Stadtspaziergänge, Unterkünfte, Restaurants und Einkaufsmöglichkeiten und vielen weiteren Top-Ten-Listen. Preis: 8,95 Euro

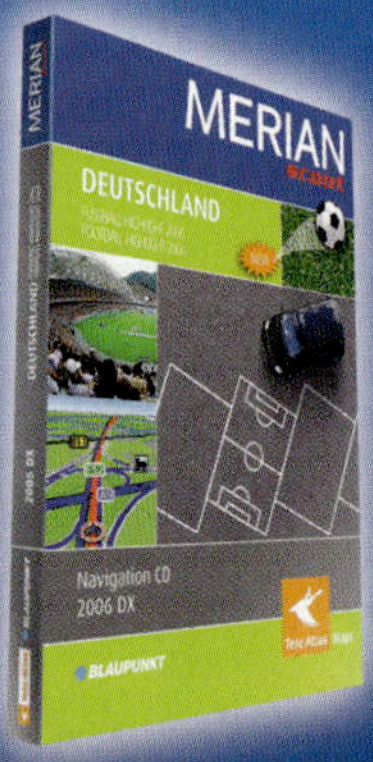

MERIAN scout
Deutschland Fußball-Highlights 2006
Diese Update-CD für TravelPilot DX von MERIAN scout und Tele Atlas führt Sie zu Spielorten, Großleinwänden, Fanshops, Biergärten, Restaurants, Freizeit- und Erlebnisparks, Spaßbädern und vielem mehr. Preis: 149 Euro.

MERIAN guide
Nobelmarken
Der Shopping Guide für Clevere! Warum mehr bezahlen als unbedingt nötig? Outlet Center und Fabrikverkäufe erfreuen sich ständig wachsender Beliebtheit, die 150 besten in Deutschland und ganz Europa. 256 Seiten, 180 Fotos. 12,90 Euro

MERIAN | live! | classic | guide | kompass | scout

WEITERE ANGEBOTE DER MERIAN FAMILY
WWW.MERIAN.DE/SHOP

Bildnachweis

Anordnung im Layout: o = oben, u = unten, r = rechts, l = links, m = Mitte.
Titel: Abaca/dpa/picture-alliance; S. 4/5 K. Premfors/arabianEye/Focus; S. 9 ol Bahner/ Schapowalow, or, m DTCM, Frankfurt, u Daniel Biskup/laif; S. 10 o F. Perri/ Cosmos/Focus, ul Peter Ginter/Bilderberg, ur Benno Stieber; S. 12 o Lars Tunbjörk/ Agence VU, m Insy Shah/Getty, u Peter Bialobrzeski/laif; S. 14 o K. Jaafar/AFP/ Getty, m Manfred Linke/laif, ul Jacqueline Godany, um Illustration: Florian Pöhl, ur Uwe H. Martin; S. 16/17 Bialobrzeski/laif; S. 18/19 Jacques Toffi; S. 20/21 Holger Leue; S. 22 Caren Firouz/Reuters; S. 23 Patrick Frilet/Focus; S. 24/25 David Cannon/ Getty; S. 28 Bialobrzeski/laif; S. 32/33 Yadid Levy/Anzenberger; S. 33 m Kate Brooks/ Polaris/StudioX; S. 34/35 Bialobrzeski/laif; S. 36 Frank Sorge/Caro; S. 37 Ginter/ Bilderberg; S. 38/39, 40 o Dorothea Schmid/ Bilderberg; S. 40 m P. Meunier/Cosmos/ Focus; S. 42 u Markus Kirchgessner/laif; S. 44/45 Emirates Palace/ Kempinski; S. 45 u Christian Heeb/laif; S. 48-51 Martin; S. 52/53 EMAAR; S. 54/55 NAKHEEL; S. 56 The Trump Organisation and Nakheel Hotels and Resorts; S. 57 Dubailand; S. 58 A. Mirza/Reuters/Mecom; S. 59 o EPA J. Ferrari/dpa/picture-alliance, u Abaca/dpa/ picture-alliance; S. 60 l Dubailand, r Martin; S. 62 l Ilyas & Mustafa Galadari Group, r Marriott International; S. 64-67 Martin; S. 70, 71 Dennis Williamson; S. 72-77 Wilfred Thesiger/Pitt Rivers Museum, Oxford; S. 78-84 Walter Schmitz; S. 86/87 E. Martin/Le Figaro/laif; S. 88 Heeb/laif; S. 89 Levy/Anzenberger; S. 90/91 Heeb/laif; S. 93 o Heeb/laif, u Levy/Anzenberger; S. 94 Jens Rötzsch; S. 96 Martin/Le Figaro/ laif; S. 100-110 Schmitz; S. 112 Lynsey Addario/Corbis; S. 118/119 St. Back/ arabianEye/Focus; S. 119 Kami/arabian Eye/Focus; S. 120 KPA/Hackenberg/ picture-alliance; S. 120/121 Yves Gellie/ Gamma/StudioX; S. 122/123 Ginter/Bilderberg; S. 124 Jürgen Stumpe/Look; S. 125 o R. Schmid/Huber, u Harald Lüder/f1 online; S. 126 Schmitz; S. 127 St. Kuykendal/ Corbis; S. 128 Peter Widmann/ Mauritius; S. 128/129 R. Allenby-Pratt/arabianEye/ Focus; S. 130 Lutz Jaekel/Bilderberg; S. 134 Martin/Le Figaro/laif; S. 134/135 Jochen Tack; S. 135/136 Martin/Le Figaro/laif; S. 136 Markus Heimbach/HB Verlag; S. 137 Aziz Shah/AP; S. 138 o Ingrid Firmhofer, ml, mr Gerald Hänel.

Die glitzernde Stadt und ihr Wahrzeichen: das Luxushotel Burj al-Arab

MERIAN

Heft 5/2006, Mai, Erstverkaufstag dieser Ausgabe ist der 27. 04. 2006
MERIAN erscheint monatlich im Jahreszeiten Verlag GmbH, Poßmoorweg 5, 22301 Hamburg
Tel. 040/27 17-2600, Fax 040/27 17-2628 **Anschrift der Redaktion:** Poßmoorweg 2, 22301 Hamburg
Postfach 130444, 20139 Hamburg, E-Mail: Redaktion@Merian.de, Tel. 040/27 17-0
Website: www.merian.de **Leserservice:** Postfach 601220, 22212 Hamburg
Tel. 040/87 97 35 40, Fax 040/27 17-20 79 **Syndication:** www.jalag-syndication.de
GourmetPictureGuide: Stefanie Lüken, Tel. 040/271 720 02, Fax 040/27 17 20 89, www.gourmetpictureguide.de

Herausgeber: Manfred Bissinger
Chefredakteur: Andreas Hallaschka
Art Directorin: Sabine Lehmann **Chef vom Dienst:** Tibor M. Ridegh
Redakteure: Roland Benn (freie Mitarbeit), Thorsten Kolle (freie Mitarbeit), Kathrin Sander, Charlotte von Saurma
Schlussredaktion: Tibor M. Ridegh, Jasmin Wolf
Layout: Cornelia Böhling, Ingrid Koltermann, Dorothee Schweizer (stellv. Art Directorin)
Bildredaktion: Hanni Rapp, Eva M. Ohms
Bildredakteurin dieses Heftes: Hanni Rapp **Kartographie:** Peter Münch
Dokumentation: Jasmin Wolf, Sebastian Schulin (freie Mitarbeit), Andrea Wolf (freie Mitarbeit)
Mitarbeit: Jan Biener, Helmut Golinger, Annett Rensing, Susanne Rieger, Ingo Wilhelm
Herstellung: Karin Harder **Redaktionsassistenz:** Sabine Birnbach, Katrin Eggers
Geschäftsführung Premium Magazine: Peter Rensmann **Verlagsleitung Premium Magazine:** Oliver Voß
Group Head Anzeigen Premium Magazine: Roberto Sprengel **Anzeigenleitung:** Christel Janßen
Anzeigenstruktur: Patricia Hoffnauer **Marketing:** Kenny Machaczek, Ulrich Rieger, Sonja Wünkhaus
Vertriebsleitung: Jörg-Michael Westerkamp (Zeitschriftenhandel), Uwe Distelrath (Buchhandel)
Verantwortlich für den redaktionellen Inhalt: Andreas Hallaschka
Verantwortlich für Anzeigen: Roberto Sprengel
Verlagsbüros Inland:
Hamburg: Tel. 040/27 17-25 95, Fax -25 20, E-Mail: vb-hamburg@jalag.de
Berlin: Tel. 030/80 96 23-60, Fax -70, E-Mail: vb-berlin@jalag.de
Hannover: Tel. 0511/85 61 42-0, Fax -19, E-Mail: vb-hannover@jalag.de
Düsseldorf: Tel. 0211/901 90-0, Fax -19, E-Mail: vb-duesseldorf@jalag.de
Frankfurt: Tel. 069/97 06 11-0, Fax -44, E-Mail: vb-frankfurt@jalag.de
Stuttgart: Tel. 0711/966 66-520, Fax -22, E-Mail: vb-stuttgart@jalag.de
München: Tel. 089/99 73 89-30, Fax -44, E-Mail: vb-muenchen@jalag.de

Repräsentanzen Ausland:
Basel: Intermag AG, Tel. +4161/275 46-09, Fax -10, E-Mail: info@intermag.ch
London: The Powers Turner Group, Tel. +44 20/7630 99 66 Fax 76 30 99 22, E-Mail: cweiss@publicitas.com
Mailand: Media & Service International Srl, Tel. +39 02/48 00 61 93, Fax 48 19 32 74, E-Mail: info@it-mediaservice.com
Paris: International Magazine Company, Tel. +331/53 64 88 91, Fax 45 00 25 81, E-Mail: imc@international.fr
Madrid: Alcála Media International Media Representation, Tel. +34 91/326 91 06, Fax -07, E-Mail: alcalamedia@retemail.e
Wien: Publimedia Internationale Verlagsvertretungen GmbH, Tel. +43 1/21530, Fax 2121602,
E-Mail: ppn-vienna@publicitas.com
New York: The Russell Group Ltd., Tel. +12 12/213 11-55, Fax -60, E-Mail: info@russellgroupltd.com

Die Premium Magazin Gruppe im Jahreszeiten Verlag

Gültige Anzeigenpreisliste: Nr. 38
Das vorliegende Heft Mai 2006 ist die 5. Nummer des 59. Jahrgangs. Keine Haftung für unverlangt eingesandte Manuskripte und Fotos. Preis im Abonnement im Inland monatlich 6,37 € inklusive Zustellung frei Haus. Der Bezugspreis enthält 7 % Mehrwertsteuer.
Auslandspreise auf Nachfrage. Postgirokonto Hamburg 132 58 42 01 (BLZ 200 100 20)
Commerzbank AG, Hamburg, Konto-Nr. 611657800 (BLZ 200 400 00)
Führen in Lesemappen nur mit Genehmigung des Verlages. Printed in Germany

Weitere Titel im Jahreszeiten Verlag: Für Sie, petra, vital, PRINZ, A&W Architektur & Wohnen,
COUNTRY, DER FEINSCHMECKER, WEINGourmet, schöner reisen, ZUHAUSE WOHNEN, selber machen
Litho: Alphabeta Druckformdienst GmbH, Hamburg. Druck und Verarbeitung: heckel GmbH, Nürnberg,
ISBN: 3-8342-0605-9, ISSN 0026-0029 MERIAN (USPS No. 011-458) is published monthly. The subscription price for the USA is $ 110 per annum. K.O.P.: German Language Publications, Inc., 153 South Dean Street, Englewood NJ 07631. Periodicals postage is paid at Englewood NJ 07631, and at additional mailing offices. Postmaster: send address changes to MERIAN, German Language Publications, Inc. 153 South Dean Street, Englewood NJ 07631.

JAHRES ZEITEN VERLAG

Ein Unternehmen der
GANSKE VERLAGSGRUPPE

MERIAN

INFO-STAND März 2006 | TEXTE **Benno Stieber** | MITARBEIT **Jan Kirsten Biener** | **Franz Lenze** | **Annett Rensing**

321 Meter hoch ragt das Luxushotel Burj al-Arab auf einer künstlichen Insel in den Himmel

Top Tipps

Das sollten Sie auf keinen Fall versäumen!

*** EINE NACHT IN DER WÜSTE**
Wenn die Sonne untergeht, strahlen die Sanddünen in betörenden Farben. Die Nacht im exklusiven Wüstenresort oder im eigenen Zelt wird zum unvergesslichen Höhepunkt eines Dubai-Trips.

*** EMIRATES PALACE HOTEL**
In Abu Dhabi steht die wohl luxuriöseste Herberge der Welt. Wer sich eine Übernachtung nicht leisten kann, sollte unbedingt eine zweistündige Führung mitmachen – Kaffeegedeck mit Blattgoldpralinen inklusive.

*** SULTAN-KABUS-GRAND-MOSCHEE**
Das prächtige neo-islamische Bauwerk in der omanischen Hauptstadt Maskat lohnt unbedingt die Besichtigung.

*** SHOPPING MALLS**
Es gibt viele Einkaufszentren in Dubai, am eindrucksvollsten ist die Ibn Battuta Mall. Baustile der gesamten arabischen Welt werden hier imitiert. Darüber wölbt sich ein gemalter blauer Himmel.

INFO SERVICE

Der Stadtteil Dubai Marina soll das modernste Viertel der Welt werden. Yachthafen und Gebäude sind voll

Landesdaten

Vereinigte Arabische Emirate (VAE)
Fläche 77 700 Quadratkilometer
Einwohnerzahl 3,1 Millionen
Hauptstadt Abu Dhabi
Volksgruppen Offiziell 75 % Araber, aber davon nur ca. 10 % Einheimische.
Religion 96 % Moslems, hauptsächlich Sunniten, 3 % Christen.
Durchschnittseinkommen 20 000 Euro pro Kopf
Alphabetisierung 78 %
Amtssprache Arabisch, aber in der Verwaltung wird meist auch Englisch gesprochen. Die Sprache im Geschäftsleben ist fast ausnahmslos Englisch.
Politische Struktur Die VAE sind ein Staatenbund aus sieben Emiraten. Der Herrscher von Abu Dhabi ist traditionell auch Präsident der Föderation. Seit November 2004 regiert Scheich Khalifa bin Zayed al-Nahyan. Offizieller Regierungschef ist der Emir von Dubai. In dem Feudalstaat gibt es keine Wahlen. Es gilt islamisches Recht.

Wirtschaft

Sonderangebote

Wenn es ums Geschäft geht, sind die Araber vor allem eins: pragmatisch. Um Investoren anzulocken, die sich den strengen lokalen Gesetzen nicht unterwerfen wollen, hat Dubai Freihandelszonen geschaffen: die **Jebel Ali Free Zone** für die Schwerindustrie, **Dubai Internet City** für große Online-Dienstleister oder **Dubai Knowledge Village** für Ableger ausländischer Universitäten. In den **Free Zones** dürfen sich auch Unternehmen ansiedeln, die zu 100 Prozent in ausländischer Hand sind. Die sonst obligatorische Beteiligung eines lokalen Partners fällt weg. Den Firmen werden Steuern und die – teilweise horrenden – Gebühren für Visa und Arbeitsgenehmigungen erlassen.
Mit dem **Dubai International Financial Center** will Dubai Finanzplatz vom Range Londons oder New Yorks werden.

AUSLANDSVERTRETUNGEN

Abu Dhabi, VAE

Deutsche Botschaft
The Towers at the Trade Center, West Tower, 14th Floor,
Abu Dhabi Mall, Abu Dhabi
Tel. 00 97 12/644 66 93
Fax 00 97 12/644 69 42
info@abu-dhabi.diplo.de

Österreichische Botschaft
Adnic Building, 6th Floor
Sheikh Khalifa Street
Abu Dhabi
Tel. 0097 12/676 66 11
Fax 0097 12/671 55 51
abu-dhabi-ob@bmaa.gv.at

Schweizer Botschaft
Dhabi Tower, 4th floor,
Hamdan Street (nahe Zakher Hotel), Abu Dhabi
Tel. 0097 12/627 46 36
vertretung@adh.rep.admin.ch

EINREISE

Deutsche, Österreicher und Schweizer erhalten bei der Einreise ein kostenloses 30-Tage-Visum. Dafür ist ein Reisepass notwendig, der noch mindestens sechs Monate gültig sein muss und keinen Einreise-Stempel aus Israel enthalten darf.
Die Einfuhr von persönlichen Gegenständen unterliegt keinen Beschränkungen. Videokassetten und Magazine werden jedoch auf pornografisches Material und solches, das in einem arabischen Land dafür gehalten werden könnte, überprüft. Die Einfuhr ist verboten.
Bei der Ausfuhr sind Reiseandenken bis zu einem Wert von 85 € frei.

Anreise Die Lufthansa fliegt täglich nach Dubai. Aus Düsseldorf, Frankfurt und München gehen weitere tägliche Direkt-

MERIAN | KLIMA

Emirate, Oman	Jan.	Feb.	März	Apr.	Mai	Juni	Juli	Aug.	Sept.	Okt.	Nov.	Dez.
Durchschnittl. Temp. in °C Tag	20	21	24	28	33	35	37	38	36	32	27	22
Durchschnittl. Temp. in °C Nacht	14	15	17	21	26	28	29	30	27	24	21	16
Sonnenstund./Tag	8	8	8	10	11	11	10	10	10	10	10	8
Regentage	1	2	1	1	0	0	0	0	0	0	1	1
Wassertemp. in °C	22	21	23	25	27	30	31	32	32	30	27	25

Die beste Zeit ist der Winter

November bis März sind die beliebtesten Reisemonate. Allerdings: zu Weihnachten und Ostern sowie – in Dubai – zur Zeit des Shopping Festivals (Mitte Januar bis Mitte Februar) muss man mit gar zu großer touristischer Überflutung rechnen. In den extrem heißen Sommermonaten senken die Hotels ihre Preise. Das Meer ist ganzjährig badewasserwarm.

omputerisiert und vernetzt

flüge nach Abu Dhabi, Dubai und Sharjah. Die Flugzeit beträgt sechs Stunden.

REISEN IM LAND

In den Emiraten und dem Oman kann man sich mit dem Taxi oder einem Mietwagen bewegen. Gerade in Dubai gibt es häufig Stau. Ein zuverlässiges Netz von öffentlichen Verkehrsmitteln besteht bisher nicht. Es gibt zwar ein System von Straßennamen, aber es wird von kaum einem ernst genommen. Deshalb ist es wichtig zu wissen, welches auffällige Gebäude in der Nähe des eigentlichen Ziels liegt. Adressangaben heißen dann etwa: „XY Hotel bei der Soundso-Moschee".

Taxis

sind – außer in Dubai – preiswert. **Ihr Nachteil:** Viele Taxifahrer sprechen schlecht Englisch. Zusätzlich gibt es die Gesellschaft „Ghazal". Sie macht Eindruck mit glitzernden Limousinen in ihrem Fuhrpark, lässt sich diesen Luxus aber auch entsprechend bezahlen. Die Strecke Dubai–Abu Dhabi kann man in öffentlichen Taxen für etwa 30 Euro zurücklegen.

Für Reisen über Land

sollte man sich ein geländegängiges Fahrzeug mieten. Fahrten in die Wüste sollte man immer nur im Konvoi mehrerer Fahrzeuge starten und ausreichend Wasser mitnehmen.
Europcar Abu Dhabi
Tel. 02/62 61 441
Diamond Lease, Dubai
Tel. 04/343 43 30
www.diamondlease.com
Visa für die Emirate gelten auch im Oman. Beim Grenzübertritt – auch in der Wüste und im Gebirge – gibt es inzwischen Grenzstationen. Also Pässe nicht vergessen.

ALLGEMEINE INFORMATIONEN

Zahlungsmittel

Die Landeswährung in den Vereinigten Arabischen Emiraten ist Dirham und besteht aus 100 Fils. Derzeit bekommt man für einen Euro ca. 4,4 Dirham.

In Hotels, größeren Restaurants und Shops kann man mit Kreditkarte bezahlen. Bankautomaten in allen Shoppingmalls und auch in den meisten Banken akzeptieren EC-Karten. Geldwechseln, vor allem an den Hotel-Rezeptionen, ist meist teurer.

Telefon

Über das Netz der staatlichen Telefongesellschaft Etisalat bleiben auch deutsche Handys auf Empfang. Allerdings zu einem recht hohen Preis.
Landesvorwahl der VAE: 009 71
Notruf im Oman und den VAE: 999

Internet

Wie das Telefonnetz wird auch das Internet über die staatliche Telefongesellschaft Etisalat betrieben. Der Server von Etisalat filtert freizügige Web-Seiten heraus. Sie sind aus den Emiraten nicht erreichbar. In den großen Städten gibt es viele **Internet-Cafés,** die meist sehr günstig Zugang

MERIAN | ZEITTAFEL

5000–3000 Jh. v. Chr. Erste Siedlungen im Südosten der arabischen Halbinsel.
2000 v. Chr. Umm-al-Nar-Kultur bei Abu Dhabi. Handelskontakte zu Sumerern und Mesopotamien sowie dem heutigen Pakistan.
1000 v. Chr.–400 v. Chr. Höhepunkt des Weihrauchhandels.
600 n. Chr. Die Küsten des Oman werden von den Persern besetzt.
700 n. Chr. Der Islam breitet sich auf der Arabischen Halbinsel aus. Im Oman geschieht das friedlich, an der Küste der heutigen Emirate kommt es zu Kämpfen mit den persischen Besatzern.
800–1000 Maskat und Sohar werden zu wichtigen Häfen. Der Handel mit Weihrauch, Kupfer, Datteln und Sklaven boomt.
1507–1521 Portugiesen erobern die Küsten von Oman, Bahrain und der Emirate. Sie errichten Festungen, um den Seeweg nach Indien zu sichern.
1650 Die Yaruba-Dynastie vertreibt die Portugiesen aus Oman.
1746 Die Said-Dynastie übernimmt die Herrschaft im Oman. Sie regiert bis heute. Oman steigt zur bedeutenden Seemacht im Indischen Ozean auf. Sansibar wird zeitweiliger Regierungssitz des Sultans.
1820 Erster Vertrag der Scheichs mit den Briten. Die Region wird zur Trucial Coast, die dem britischen Empire dazu dient, den Seeweg nach Indien abzusichern.
1861 Die Teilung des Reiches durch die Briten und das Verbot des Sklavenhandels führen zum wirtschaftlichen Niedergang.
1932 Erster Flughafen der Region in Sharjah.
1950 Erste Öl-Probebohrungen im Oman. Es kommt zu Aufständen, der Sultan beendet die Ölsuche und schottet sein Land von der Außenwelt ab.
1951 Die Emire der ehemaligen Trucial Coast beginnen mit engerer Zusammenarbeit. Erste Ölfunde.
1960 Systematische Ölförderung in den Emiraten.
23. Juli 1970 Sultan Kabus von Oman stürzt seinen Vater. Kabus öffnet das Land und führt es in die Moderne. Das Öl bringt dem Land Wohlstand.

Sultan Kabus

2. Dezember 1971 Die britischen Truppen ziehen sich endgültig aus den Emiraten zurück. Zwei Tage später werden die Vereinigten Arabischen Emirate gegründet.
1981 Gründung des Gulf Cooperation Council (GCC), der Staaten Bahrain, Kuwait, Oman, Katar, Saudi-Arabien und der Vereinigten Arabischen Emirate.
1991 Saddam Hussein besetzt Kuwait. Zweiter Golfkrieg gegen Irak. Wirtschaftliche Flaute in den Emiraten. Oman beteiligt sich an der Allianz gegen Saddam Hussein.
1996 Verkündung einer Verfassung für Oman. Der Bau einer 1200 Kilometer langen Erdgaspipeline zwischen Oman und Indien beginnt. Sie verläuft auf dem Meeresboden.
2004 Scheich Zayed, der Gründer und Präsident der Vereinigten Arabischen Emirate, stirbt mit 86 Jahren. Sein Sohn Khalifa bin Zayed al-Nahyan übernimmt seine Ämter.

MERIAN | ERDÖL

Großer Zapfstreich

Wie das Erdöl in wenigen Jahrzehnten aus armen Beduinen Multimillionäre machte

Als der Öltanker „Esso Dublin" 1962 voll beladen den Hafen Jebel Dhanna verließ, begann für das Emirat Abu Dhabi eine neue Zeitrechnung. Jetzt gehörte das kleine Land zum erlesenen Kreis Erdöl exportierender Länder.
Öl ist der Treibstoff für die rasante Entwicklung in den Vereinigten Arabischen Emiraten. Ohne dieses Geschenk der Natur wären die Sieben ein bedeutungsloser Landstrich am Rand der arabischen Halbinsel geblieben. Auf ihrem Staatsgebiet liegt das fünftgrößte Erdölvorkommen der Welt, allerdings ungleich verteilt. In Dubai, das 1937 als erstes Emirat eine Konzession an eine Ölfirma vergeben hatte, wird es nach Regierungsschätzungen nur noch die nächsten 20 Jahre reichen. In Sharjah wurde erst 1974 Öl gefunden, aber deutlich weniger als erhofft. Die restlichen Emirate besitzen überhaupt keine nennenswerten Ölvorkommen, mit Ausnahme von Abu Dhabi. Hier lagern nach Regierungsschätzungen noch immer 100 Milliarden Barrel – Öl für die nächsten hundert Jahre. Dabei war Scheich Shakbut, Herrscher von Abu Dhabi, 1939 einer der letzten in der Golfregion, der ausländischen Gesellschaften erlaubte, in seinem Land nach Öl zu suchen. Shakbut misstraute den britischen Ölgesellschaften, er wusste auch nicht so recht, wie mit dem plötzlich zu erwartenden Reichtum umzugehen wäre. Von der Konzession bis zur ersten sprudelnden Quelle vergingen noch Jahrzehnte. Erst 1959 fand man in der Region Bab das erste ergiebige Ölfeld. Mohamed al-Fahim beschreibt in seinem Buch „From Rags to Riches": „Wir wussten alle, dass Öl gefunden worden war, aber keiner bestätigte es. Weder die Regierung noch Scheich Shakbut selbst. Wir hatten viele Fragen: War es ein ergiebiger Fund? Wie würde er unser Leben verändern? Wer würde die Veränderungen organisieren?"
Die letzte Frage klärte sich sieben Jahre später. Scheich Zayed, Bruder des amtierenden Herrschers Shakbut, putschte und führte sein Land in die Moderne. Zayed hatte den Ölsuchern bereits bei den ersten Expeditionen als Führer gedient. Er gründete ein Ölministerium und 1971 die staatliche Öl-Gesellschaft ADNOC. Sie garantierte, dass ein angemessener Anteil der Petrodollars im Land blieb. Die ausländischen Ölgesellschaften waren nur noch zu 40 Prozent an den Gewinnen beteiligt. Als Zayed 2004 starb, hinterließ er eines der reichsten Länder der Welt.

Öl aus der Wüste: Die Araber drehen mit am Wirtschaftsrad der Welt

ins Netz bieten. In den größeren Hotels offerieren Business-Center Internetzugang, oder man kann auf dem Zimmer surfen.

Zeitungen, Fernsehen

Seit dem Tod von Scheich Zayed sind die Medien in den VAE freier geworden. Immer häufiger kann man über gesellschaftliche Probleme im Land lesen. Die englischsprachigen Zeitungen der Emirate erscheinen allesamt in Dubai. Die wohl beste ist „Gulf News", mit einer sehr guten Lokalberichterstattung und interessanten Kommentaren zur internationalen Politik. Offenbar stärker an den Interessen der indischen Bevölkerung orientiert ist die „Khaleej Times". Die Emirate Abu Dhabi, Dubai und Sharjah unterhalten eigene Fernsehsender mit zum Teil englischem Programm.
Zuverlässige Tipps für Veranstaltungen, Nachtleben und Gastronomie nennt das Monatsmagazin „Time Out", das eine eigene Ausgabe für Dubai und Abu Dhabi herausgibt.

Gesundheit

Vor der Einreise empfiehlt sich die Kontrolle des Impfpasses. Gültige Impfungen gegen Tetanus, Diphtherie, Polio und Hepatitis A, bei Langzeitaufenthalt über drei Monate auch gegen Hepatitis B, sind vernünftig. Impfschutz auch gegen Tollwut und Typhus kann sinnvoll sein, wenn man Wüstenexpeditionen macht, auf die Jagd geht oder viel joggt.

Die hygienischen Verhältnisse im Oman und den Emiraten sind allgemein gut, auch auf dem Land und in kleineren Schnellrestaurants. Das Leitungswasser ist überall ohne weiteres trinkbar.
In Dubai und Abu Dhabi, wie auch in Maskat und Salalah ist die medizinische Versorgung auf höchstem Niveau. Es empfiehlt sich der Abschluss einer Auslandsreiseversicherung inklusive Reiserücktrittsversicherung für Notfälle.

Nächtliche Kamelparade in Maskat

FEIERTAGE

Da der arabische Kalender nach dem Stand des Mondes ausgerichtet ist, ändert sich ihr gregorianisches Datum von Jahr zu Jahr. Neben den arabischen Feiertagen werden in den großen Städten zum Teil auch die Feiertage nach unserem Kalender begangen. Beim Tod von hochrangigen Staatsvertretern kommt das öffentliche Leben meist für mehrere Tage zum Erliegen.

Wochenende Es beginnt am Donnerstagnachmittag. Danach sind Behörden und arabisch geführte Unternehmen nicht mehr erreichbar.

Hejra Arabisches Neujahr
20. Januar 2007

Eid al-Adha Das Opferfest markiert das Ende der Hadsch-Periode, in der die Gläubigen ihre Pilgerreise nach Mekka antreten. Wird in vielen Familien mit einem Festmahl gefeiert.
31. Dezember 2006 bis 2. Januar 2007

Maulid al-Nabi Geburtstag des Propheten Mohammed.
Termine: 31. März 2007
18. März 2008.

Lailat al-Miraj Die Moslems feiern die Himmelfahrt des Propheten Mohammed, der nach der Überlieferung vom

m Unabhängigkeitstag des Oman

Felsendom in Jerusalem aus in den Himmel aufgefahren ist. Termine: 22. August 2006 11. August 2007, 29. Juli 2008

Ramadan Im Fastenmonat Ramadan verzichten die Moslems von Sonnenaufgang bis Sonnenuntergang auf Essen, Trinken und Rauchen. Auch von Nicht-Moslems wird erwartet, dass sie in der Öffentlichkeit darauf Rücksicht nehmen. Manche Museen haben verkürzte Öffnungszeiten. Restaurants öffnen erst nach Sonnenuntergang, dann allerdings wird bis in die Nacht gefeiert. Termine: 24. September - 24. Oktober 2006, 13. Sept.-13. Oktober 2007.

Eid al-Fitr Das Fastenbrechen Ende des Fastenmonats Ramadan wird in der arabischen Welt drei Tage lang mit Festessen und Geschenken in der Familie gefeiert. 24.-26. Oktober 2006, 13.-15. Oktober 2007.

Nationalfeiertage mit festem Datum

Accession Day VAE 6. August. Tag der Ernennung des Staatsgründers Scheich Zayed zum Präsidenten der Vereinigten Arabischen Emirate.

Nationalfeiertag 2. Dezember. Feiert den Zusammenschluss der Emirate 1971.

BÜCHER

Die Brunnen der Wüste Wilfred Thesiger, Piper 2004, 11,90 € Der britische Abenteurer Thesiger beschreibt eindrucksvoll das Leben der Beduinen in der Wüste vor der Ölzeit.

Dubai Explorer Explorer Group Ltd. 10. Ausgabe 2006, 20,65 €. Dick wie ein Telefonbuch. Aber es ist alles drin, was man wissen muss, wenn man zum Urlaub nach Dubai kommt

Merian Live, Dubai, Emirate, Oman Birgit Müller-Wöbcke, Travelhouse Media, 2006, 7,95 €. Schnelle, zuverlässige Informationen und Empfehlungen für den Kurztripp. Auf der ITB als beste Kompaktführerreihe ausgezeichnet und als einziges Reisebuch TÜV-geprüft.

Baedeker Dubai, VAE Manfred Wöbcke, Birgit Müller-Wöbcke, Baedecker 2006, 19,95 €. Gut recherchierter Reiseführer mit einer Fülle von Informationen.

Geheime Gärten Volker Perthes, Goldmann, 2003, 11,95 €. Einer der deutschen Experten der arabischen Welt erklärt ihre jüngere Geschichte. Perthes analysiert die Probleme und Chancen der Staaten.

Die Emirate Gerhard Konzelmann, Herbig 2005, 22,90 €. Informatives, manchmal etwas konfuses Buch. Aber alles, was man über Geschichte und Politik der Emirate wissen muss, steht bei Konzelmann.

Don't they know it's friday? Jeremy Williams, Motivate Publishing, 2005, www.motivatepublishing.com, 17 €. Humorvoller Führer durch die Untiefen der arabischen Etikette. Unerlässlich für Geschäftsleute, aber auch für Reisende.

From Rags to Riches. A Story of Abu Dhabi Mohammed al-Fahim, 1998, London Center of Arabian Studies, 15 €. Die Geschichte Abu Dhabis aus der Sicht eines Einheimischen, der den Aufstieg miterlebt hat. Authentisches Zeugnis des unglaublichen Fortschritts in wenigen Jahrzehnten.

Websites

www.dubaicityguide.com Aktuelle Informationen über Gastronomie und Veranstaltungen.

www.abudhabi.com online-Zeitung für Abu Dhabi. Nachrichten und aktuelle Veranstaltungstermine.

www.gulfnews.com Die aktuelle Website der führenden englischsprachigen Zeitung der Emirate.

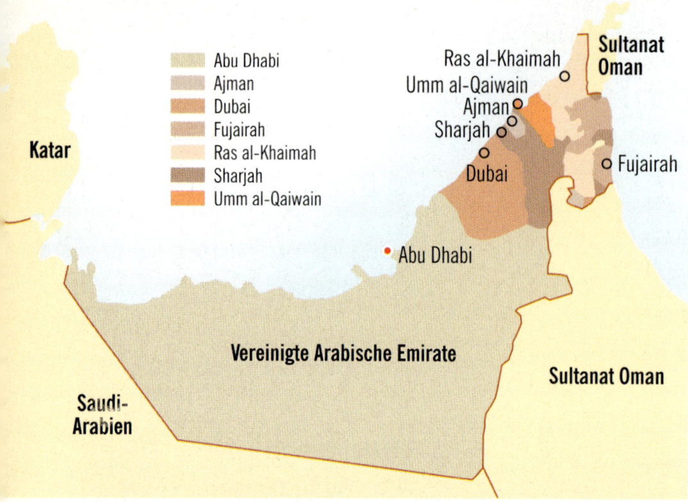

Sieben Scheichtümer bilden die Vereinigten Arabischen Emirate. Sie haben sich 1971 zu einem Bundesstaat zusammengeschlossen. Hauptstadt ist Abu Dhabi

1x1 des Feilschens

Hart aber fair

Wortreiches Handeln gehört im Souk zum Geschäft. Fünf Regeln helfen, handelseinig zu werden.

1. **Lassen Sie sich nicht hetzen.** Schauen Sie sich die Ware genau an und überlegen Sie sich, wie viel Sie maximal zahlen möchten. Rekapitulieren Sie den Umtauschkurs der Landeswährung.
2. **Fragen Sie nur nach dem Preis, wenn Sie wirklich interessiert sind.** Hat der Händler sein erstes, meist zwei- bis dreimal zu hohes Angebot gemacht, nennen Sie Ihren Wunschpreis minus 30 Prozent.
3. **Seien Sie freundlich.** Handeln ist große Oper, aber ihr Gegenüber schimpft nicht auf Sie, nur auf Ihren Preis. Zeigen Sie Skepsis, kleine Mängel an der Ware und kommen Sie dem Händler in kleinen Schritten entgegen.
4. **Bleiben Sie hart.** Teil des Spiels ist, dass beide Seiten nachgeben. Wenn gar nichts anderes hilft, verlassen Sie den Laden. Bleibt der Preis dann immer noch gleich hoch, müssen Sie sich entscheiden: kaufen oder verzichten.
5. **Auch in den Shoppingzentren sind Preise nicht unbedingt festgesetzt.** Die höfliche Frage nach einem Rabatt oder Sonderangebot kann sich lohnen.

DUBAI

SEHENSWERT

❶ Dubai Creek
Eine Fahrt mit dem „Abra", einem der vielen Wassertaxis über den Creek, sollte sich niemand entgehen lassen. Besonders bei Sonnenuntergang ein stimmungsvolles Erlebnis, dazu ein preisgünstiges. Egal was die Abra-Kapitäne fordern, eine Fahrt sollte nicht mehr als 10 Dirham kosten.
Anlegestelle beim Alten Souk

❷ Fischmarkt
Zweimal am Tag, morgens und abends, wird der frische Fang vom Tage verkauft. Hier kann man sich gut von der geschäftigen Stimmung in der Markthalle treiben lassen. Wenige Touristen.
Deira, *geöffnet werktags 7.30-13 und wieder ab 19 Uhr*

❸ Grand Mosque
Eine der wenigen Gelegenheiten für Nicht-Moslems, eine Moschee von innen zu besichtigen. Die Grand Mosque ist eine der prächtigsten des Landes. Das 70 Meter hohe Minarett und die vielen Kuppeln sind schon von weitem sichtbar.
Führungen nach Anmeldung beim „Centre of Cultural Understanding", Tel. 04/34 77 55

❹ Wild Wadi Water Park
Riesige Rutschen in einer Gesamtlänge von 1,7 Kilometern und jede Menge andere Attraktionen. Der Wild Wadi Park bietet Spaß für junge und alte Wasserratten.
Jumeirah Beach Road, vor dem Burj al-Arab *tgl. 11-20 Uhr, Eintritt 150 Dh, ab 17 Uhr 95 Dh*

❺ Ski Dubai
Skifahren bei 30 Grad Außentemperatur. Die Skihalle in der Mall of the Emirates ist die neueste Blüte des Wundergartens Dubai. Eine nicht gerade mörderische Abfahrt und eine Schneelandschaft für Kinder versprechen Spaß für die ganze Familie. Durch Scheiben kann man von außen zuschauen.
Sheikh Zayed Road
Tel. 04/409 40 00 *Ski-Ausrüstung und -kleidung können vor Ort ausgeliehen werden.*
www.skidxb.com

❻ Global Village
Als ob Dubai nicht selbst schon ein globales Dorf wäre, gibt es am Stadtrand diesen Rummelplatz. Die kitschigen Pavillons der verschiedenen Länder haben, wie etwa beim Deutschen Pavillon, nicht wirklich mit der Kultur des Landes zu tun. Nachbauten weltbekannter Bauwerke, Fahrgeschäfte und Buden. Vor allem arabische Familien kommen. Eine günstige Gelegenheit zum Shoppen.
Emirates Road

MUSEEN

❸ Dubai Museum
Nationalmuseum im historischen Fort al-Fahidi. Mit Puppen und aufwändigen Effekten werden Szenen aus dem Alltag der Beduinen nachgestellt. Eine Schmiedewerkstatt und eine Koranschule versetzen den Besucher hundert Jahre zurück. Zusätzlich werden Werkzeuge der Fischer und Perlentaucher gezeigt. Das Museum ist besonders für Kinder geeignet.
Al-Fahidi-Fort, Bastakyia
Eintritt 3 Dh, tgl. geöffnet von 8.30-20 Uhr

❼ Heritage Village
Die meisten Brauchtumsdörfer in den Emiraten stehen unter Kitschverdacht. Aber das Heritage Village gibt einen guten Einblick in das karge Leben der Einheimischen vor dem Ölboom. Angeschlossen ist auch das Taucherdorf, in dem man sehen kann, wie die Perlenfischer Dubais gelebt haben.
Entritt frei, geöffnet tgl. von 17.30-22.30 Uhr

EINKAUFEN

❺ Mall of the Emirates
Eine der größten Malls der Welt mit ausuferndem Angebot. Viele europäische und amerikanische Marken und beinahe mehr Starbuck-Coffeeshops als in Manhattan. In der Mall befindet sich Ski Dubai, ein riesiges Kino, viele Restaurants. Und dazu ein Indoor-Vergnügungspark, der auch ganz große Kinder begeistert.
Sheikh Zayed Road
www.malloftheemirates.com

❽ Ibn Battuta Mall
Das Taj Mahal und die Alhambra sind hier nur einen Fußweg voneinander entfernt. In dem bezaubernden Einkaufszentrum mit künstlichem Himmel sind die Komplexe jeweils Ländern gewidmet, die der Reisende Ibn

Wahrzeichen am Creek: Die Hochha

>> Die Kreisziffern verweisen auf den Dubai-Stadtplan auf S. 133

Battuta im 14. Jh. besuchte. Es gibt viel zu entdecken. Einkaufen wird dabei fast zur Nebensache. Die Mall ist so liebevoll gestaltet, dass sich ein Besuch auch nur zum Gucken lohnt.
Emirates Hills
www.ibnbattutamall.com

9 Mercato
Die Shoppingmall ist im Stile Venedigs eingerichtet: Zwischen Renaissancefassaden läuft man auf den „Kanälen". Auch hier gibt es alles, was das Herz begehrt. Es sieht ein bisschen nach Disneyland aus, ist aber einfach hübsch. Sollte auf einer Tour durch die Malls nicht fehlen.
Jumeirah Beach Road
www.mercatoshoppingmall.com

10 Gold Souk
In Dubai wird Schmuck nach Gewicht verkauft – nach dem günstigen Goldpreis, den man täglich in der Zeitung Gulf News lesen kann (www.gulfnews.com). Das Angebot ist dem Geschmack des arabischen Publikums angepasst. Aber auch wer nichts kaufen will, wird vom Glanz in den Geschäften überwältigt sein. Für Europäer ansprechender ist der Gold & Diamond Park an der Sheikh Zayed Road – eine kleine Mall nur mit Pretiosen. **www.goldanddiamondpark.com.** Eine gute Last-Minute-Gelegenheit hat man auch in der Duty-Free-Mall des Flughafens.
Stadtteil Deira

11 Arabian Treasures
Ob Teppiche, Schals, Vasen oder Souvenirs, im ersten Stock des Deira City Centre wird man auf alle Fälle fündig.
Tel. 04/295 10 10
www.deiracitycentre.com

1 Parmer Fine Textile & Tailoring
Maßanzüge innerhalb von 48 Stunden. Auch in Dubai gibt es viele dieser Angebote. Eine der zuverlässigen und günstigen Adressen ist „Parmer". Mit zwei Anproben sind Sie dabei. Guter Kundendienst, beste Qualität.
Gegenüber dem Astoria Hotel
Tel. 04/353 56 48

12 Gallery One
Bilder, Fotografien und Grafiken, zum Teil von einheimischen Künstlern, gibt es in der Gallery One zu kaufen. Inhaber Eli ist selber Fotokünstler.
Souk Madinat Jumeirah
Tel. 04/34 76 90
www.galleryonestore.com

ule mit der Kugel gehört der Telekommunikationsgesellschaft Etisalat

1 Handicraft Kashmere
Es ist nicht alles Pashmina, was im Alten Souk unter diesem Namen angeboten wird. Schals, die etwa das Label „Real Pashmina" tragen, sind mit Sicherheit Synthetikprodukte aus China. Handicraft führt echte Pashminaschals. Hier wird man seriös und sachkundig beraten. Gute Ware, reelle Preise. Die erste Adresse für Stoffe und Schals in Dubai.
Alter Souk, nahe der Schiffsanlegestelle, Tel. 04/353 20 94

RESTAURANTS
Dubais kulinarische Höhenflüge finden zumeist in den Hotels statt. Dort gibt es Spezialitätenrestaurants aller Art. Allerdings meist zu recht gepfefferten Preisen. Preiswert und ebenfalls sehr gut sind die vielen kleinen libanesischen und indischen Restaurants in der Nähe des Alten Souk. Dort wird man schon für ein paar Dirham hervorragend bewirtet.

First Class
13 Al-Boom Restaurant-Schiff
Besonders abends ist ein Besuch im Al-Boom-Fischrestaurant ein Erlebnis. Auf der alten Dhau kann man hervorragend Meeresspezialitäten und arabische Küche genießen. Dabei blickt man auf die Lichterkulisse der Stadt und den Creek.
Al-Salif Road, gegenüber der Britischen Botschaft
Tel. 04/393 14 35

Mittelklasse
14 More Café
Hier schwebt die Anrichte an Stahlseilen, und auch sonst ist das More „very stylish". Ein Holländer führt das Café, das wegen seiner Nähe zum Flughafen von vielen Piloten und Stewardessen geschätzt wird. Ein Erlebnis sind die tollen Fruchtsäfte. Sehr gute multinationale Küche.
Nähe Millenium Hotel, Tel. 04/283 02 24, www.morecafe.biz

MERIAN | KNIGGE

Die feine arabische Art
Dubai wirkt sehr westlich. Trotzdem ist es ein islamisches Land, man sollte einige Regeln und Besonderheiten beachten.

1. Dezente Kleidung in der Öffentlichkeit Touristen sollten außerhalb der Hotelanlagen auf taktvolle Kleidung achten. Männer verzichten – abgesehen vom Strand – besser auf Shorts, Frauen lassen auch bei größter Hitze ärmellose Tops oder Miniröcke im Schrank. Oben ohne oder gar Nacktbaden ist in den Emiraten nicht möglich.
2. Essen und trinken nur mit der rechten Hand Linkshänder haben es in Arabien schwer. Wer mit Arabern isst, sollte Speisen mit der rechten Hand entgegen nehmen und zum Mund führen, die Linke gilt in der arabischen Welt als unrein.
3. Zärtlichkeiten Auf leidenschaftliche Küsse und Umarmungen in der Öffentlichkeit sollte man verzichten. Unzüchtiges Verhalten kann sogar mit Gefängnis bestraft werden.
4. Alkohol Der Islam verbietet ihn, deshalb wird in Dubai nicht in allen Restaurants und Hotels Wein und Bier serviert. Streng verboten ist es, Alkohol in der Öffentlichkeit zu trinken. Wer unter Alkoholeinfluss Auto fährt, wird im Fall eines Unfalls streng bestraft. Im Emirat Sharjah ist Alkohol generell verboten.
5. Private Einladungen Zu Einladungen in einen arabischen Haushalt sollte man stets pünktlich erscheinen. Ein Gastgeschenk für Kinder und die männlichen Mitglieder der Familie ist durchaus angebracht. Die Frau des Gastgebers sollte man zurückhaltend behandeln und ihr nur die Hand geben, wenn sie dies anbietet. Beim Sitzen ist zu vermeiden, dass die Fußsohlen auf den Gastgeber zeigen. Dies gilt als unhöflich.
6. Hunde Für Moslems gelten Hunde als unrein. Erwarten Sie deshalb keine große Zuneigung zu Ihrem haarigen Hausgenossen.

MERIAN | TIPP

24 Stunden auf Entdeckungstour

Wie ein Tag in Dubai unvergesslich wird

Die meisten Flugzeuge aus Europa landen im **Morgengrauen.** Das ist lästig, zumal, wenn Sie nur diesen einen Tag haben für das Übermorgenland am Golf. Reiben Sie sich trotzdem die Augen wach, es gibt viel zu entdecken. Auch wenn Sie nicht der wagemutigste Autofahrer sind: Nehmen Sie sich am Flughafen ein **Mietauto.** Kleinwagen gibt es schon ab 30 Euro pro Tag. Der Verkehr in Dubai ist nicht sehr hektisch, die Beschilderung vorbildlich. Der Flughafen liegt in **Deira** auf der Ostseite des **Creek**, bleiben Sie dort. Entlang der **Baniyas Road** ist am Wasser gerade morgens Hochbetrieb: Dhaus, die auf der Route Dubai-Iran pendeln, werden entladen. Hinter dem Hafen liegt an der **Sikkat al-Khail Road** der **Gold Souk.** Spätestens dort wird klar: Sie sind im Orient. Zurück am Wasser gönnen Sie sich einen frühen **Mittagsimbiss** in einem der Freiluftrestaurants. Eine offene **Passagier-Dhau** schaukelt Sie danach über den Creek. Das **Dubai Museum** in einem alten Fort erzählt anschaulich die Geschichte der Emirate. Zurück zum Auto geht es wieder mit der Dhau. Den **Nachmittag** sollten Sie einem sehr arabischen Vergnügen widmen: dem Shoppen. In der **Mall of the Emirates** wird jeder fündig. Da es in Dubai keine Mehrwertsteuer gibt, sind die meisten Produkte spürbar billiger. Wer partout nichts kaufen will, kann seine flugzeugsteifen Beine bewegen: Etwa 30 Euro für zwei Stunden kostet der Eintritt in die gigantische **Skihalle**, Ski, Schuhe, Overall inklusive (Slope Pass). Das berühmte **Burj al-Arab** ist innen kitschig und verlangt 50 Euro Eintritt. Der Blick auf das Luxushotel vom Strand in **Jumeirah** ist großartig und umsonst. Nach dem Strandspaziergang sollten Sie sich zum **Abendessen** richtigen Luxus gönnen. Die Restaurants in den Fünf-Sterne-Hotels sind jeden Euro wert. Sichern Sie sich frühzeitig einen Tisch mit Aussicht, zum Beispiel auf einem der Decks des **Eau Zone** im **One&Only Royal Mirage**. Schauen Sie zu, wie die Sonne im Golf verschwindet und genießen Sie den Service. Bevor Sie für die Nacht in ihr vom Reisebüro gebuchtes Bett kriechen, sollten Sie noch am **Emirates Towers Hotel** anhalten. Beim **Absacker** im **Vu's** schweift Ihr Blick aus dem 51. Stock weit über die Stadt. Plötzlich hört der Lichterteppich auf, dahinter ist nur noch Schwarz: die Wüste.

Baden vor Wolkenkratzern: Dubai Marine Beach Resort in Jumeirah

Preiswert

⑮ Ravi's

Einfache, hervorragende pakistanische Küche. Die Portionen sind groß, die Preise niedrig. Hier essen Pakistaner und Expats.
Al-Satwa, Tel. 04/331 53 53

HOTELS

⑯ One&Only Royal Mirage

Wirklich einzigartig, ein Traum aus Tausendundeiner Nacht. Das Haus gehört den Maktoums, der Herrscherfamilie des Emirats Dubai. Wenn ein gelber Ferrari vor der Tür des großzügigen Anwesens steht, ist seine Hoheit im Haus.
Tel. 04/399 99 99
www.oneandonlyresorts.com

⑰ Bab al-Shams

Tor zur Sonne heißt das Prachthotel. Das Hotelressort liegt mitten in der Wüste und hat allen erdenklichen Luxus zu bieten. Das fängt schon beim eigenen kleinen Rasen auf der Terrasse des Hotelzimmers an. Wer nur den Sonnenuntergang in der Wüste bewundern will, kann auch einfach auf einen Drink hierher kommen oder in einem der hervorragenden Hotelrestaurants zu Abend essen.
www.jumeirahbabalshams.com
Tel. 04/314 36 66

⑱ Burj al-Arab

Sieben Sterne, wie immer wieder behauptet wird, hat es natürlich nicht, doch das Burj al-Arab ist immer noch Wahrzeichen von Dubai. Wer nicht übernachten, das Hotel aber unbedingt besichtigen möchte, kann das gegen Eintritt tun (50 Euro). Dafür gibt es einen Gutschein für den Souvenirshop.
Tel. 04/301 77 77
www.burj-al-arab.com

⑲ Taj Palace

Relativ günstiges Fünf-Sterne-Hotel, nicht weit vom Creek und dem Dhau-Hafen entfernt. Das Hotel wird zum größten Teil von arabischem Publikum gebucht. Deshalb wird hier auch kein Alkohol ausgeschenkt. Als Sekt-Ersatz gibt es einen sehr spritzigen alkoholfreien Cidre. Alle vier Hotelrestaurants, vor allem das indische, sind ausgezeichnet.
Tel. 04/223 22 22
www.tajhotels.com

⑳ Al-Qasr

Wie eine Synthese aus Venedig und 1001 Nacht. Das Al-Qasr ist die vielleicht schönste Hotelanlage in Dubai. Es liegt in direkter Nachbarschaft zum Burj al-Arab. Die grünen Gärten und eine Wasserlandschaft sind sehr beeindruckend. Der Souk Madinat, eine moderne Version der traditionellen Markthallen, ist ebenfalls auf dem Hotelgelände.
Tel. 04/366 88 88
www.madinatjumeirah.com

㉑ Al-Murooj

Direkt neben dem Burj Dubai gelegen. Das Hotel ist mit einer großzügigen Pool-Landschaft ausgestattet. Viele Zimmer mit Balkon und Blick über die Stadt. Sehr gutes Büfett.
Al-Saffa Street
Tel. 04/321 11 11
www.rotana.com

NIGHTLIFE

Nachtleben findet in Dubai fast ausschließlich in den hoteleigenen Bars oder Clubs statt. Man sollte beim Besuch auf die Kleiderordnung achten: T-Shirts und Sandalen sind in den meisten Clubs ein Grund abgewiesen zu werden. Ein Jackett zu tragen ist allerdings fast nirgendwo erforderlich.

㉒ Buddha Bar

Die derzeit wohl beliebteste Bar der Stadt. Mitten in der großen Halle steht eine riesige Buddha-Statue. Überwältigendes Ambiente, gute Musik. Man kann hier auch essen.
Grosvenor House, Dubai Marina
Tel. 04/30 08 88

㉓ Vu's Bar

Schon die Fahrt zu Vu's ist ein Erlebnis. Mit dem gläsernen Aufzug geht es bis zum 25. Stock, dann weiter mit einem Hochgeschwindigkeitslift ganz nach oben in den 51. Von einem Platz am Fenster hat man einen spektakulären Blick über die Skyline bis zum Strand. Die Drinks, die sehr gut sind, werden dabei fast zur Nebensache.
Emirates Towers Hotel
Tel. 04/330 00 00

Exotischer Schnupperkurs: im Gewürz Souk von Dubai

16 Kasbar
Club und Diskothek in arabischem Ambiente. Aktuelle Clubsounds von internationalen DJs. Junges Publikum.
One&Only Royal Mirage,
Tel. 04/399 99 99

12 Trilogy
Sechs Bars und Dancefloors auf drei Stockwerken. Das „Trilogy" ist der größte Club der Stadt. Gelegentlich treten namhafte DJs auf.
Souk Madinat Jumeirah
Tel. 04/366 88 88

14 Irish Village
Ein Stück Irland mitten in Arabien. Irischer Rasen, Guinness vom Fass und „Fish and Chips". Hier trifft sich die irische Gemeinde Dubais. Die Stimmung ist immer gut, und wer am St. Patrick's Day vorbeikommt, wird die Party seines Lebens feiern.
Aviation Club
al-Garhoud Road
Tel. 04/282 47 50

ABU DHABI

SEHENSWERT

Khaladia Park
Wenn am Donnerstagnachmittag das Wochenende anbricht, kann man in dem hübschen Park halb Arabien treffen. Es gibt Spielplätze für die Kinder, die Väter sitzen am Rand und rauchen Shisha (Wasserpfeife). Abends steigen Rauchschwaden von den Grillplätzen auf.

Corniche
Innerhalb von zwei Jahren wurde die Strandpromenade ein paar hundert Meter weiter ins Meer verlegt. Zwischen Straße und Innenstadt wurde ein Park mit tollem Spielplatz angelegt. Dorado der Jogger, darunter sogar Frauen in Abaya und Kopftuch.

Al-Hosn-Fort
Auch „White Fort" genannt, ursprünglich aus dem Jahr 1783. Bis in die sechziger Jahre Wohnsitz der Herrscherfamilie. Heute können Teile des Gebäudes besichtigt werden. Ein Kulturzentrum, das auch in dem Fort untergebracht ist, bietet regelmäßig Folkloreveranstaltungen und Ausstellungen.
Zayed 1st Street
Tel. 02/621 53 00

Al-Bateen
Westlich der Stadt liegt die Bucht Al-Bateen. Hier, in den Werften, werden noch heute die traditionellen arabischen Segelschiffe von Hand gebaut. Die Schiffsbauer sind Spezialisten, die ihr Wissen nur mündlich weitergeben. Heute kommen die Könner meist aus Indien. Man kann die Werften besichtigen.

Grand Mosque
Noch immer im Bau. Wenn sie irgendwann fertiggestellt sein wird, soll das Gebäude die größte Moschee der arabischen Welt sein. Die Baustelle mit neoarabischer Architektur lohnt aber schon jetzt einen Besuch. Das sieht auch die Herrscherfamilie so und kommt häufig zum Freitagsgebet. Leider darf das Innere nur von Moslems betreten werden.

EINKAUFEN

Marina Mall
Schönste Mall in Abu Dhabi. Vor allem im Sommer verbringen arabische Familien in dem klimatisierten Konsumtempel ihren Feierabend. Neben unzähligen Shops, die Weltmarken verkaufen, gibt es in der Mall auch eine Ikea-Filiale.
Breakwater

Abu Dhabi Mall
Neben dem Beach Rotana Hotel gelegen. 200 Geschäfte und Restaurants lassen keine Wünsche offen. Innerhalb der Mall liegt ein arabischer Markt mit Schuhmachern für Sandalen und Dischdascha-Maßschneidern. Nicht billig, aber gut für originelle Geschenke.

Hamdam Center
Vom Topf bis zum Teppich, der beste Ort, um Alltagsgegenstände zu erstehen. Wer genau hinsieht, findet hier auch Marken-Jeans, die zu billig sind, um echt zu sein. Kaum Touristen.
Sheikh Zayed Street

Al-Nasr Street
Ein Fest für Souvenir-Jäger: Teppiche, Stoffe, Antiquitäten und Plastik-Nippes. In der Nasr Street reihen sich Geschäfte von Händlern aus dem ganzen Orient aneinander. Auch einen der berühmten jemenitischen Krummdolche kann man hier im Original erstehen. Handeln nicht vergessen.

RESTAURANTS

First Class

Traders Vick's
Polynesische Küche auf höchstem Niveau. Egal, ob Fisch oder Fleisch, die Gerichte im Traders Vick's sind einfach hervorragend. Schon an den warmen Vorspeisen möchte man sich am liebsten satt essen.
Beach Rotana Hotel
Tel. 02/644 30 00

Abu Tafesh
Schwimmendes Restaurant nur für Fischliebhaber, denn hier gibt es nichts anderes. Große Auswahl an tagesfrischen

Wüstennächte

Erlebnis unter Sternen
Einmal am Lagerfeuer sitzen, Tiere (im Gehege) beobachten und die Sterne zählen. Ein unvergessliches Erlebnis, das auch möglich ist, wenn man die Campingausrüstung zu Hause gelassen hat. Luxuriös ist das **al-Maha Desert Resort** 50 km südlich von Dubai, die klimatisierten Suiten sind eine Mischung aus Beduinenzelt und Bungalow.
www.al-maha.com
Wer es lieber ursprünglich mag, ist im **1000 Nights Camp** in der Wahiba-Wüste nahe Maskat gut aufgehoben. Hier logiert man in einem Beduinencamp. Abends gibt es Grillfleisch unterm Wüstenhimmel. Gut geeignet auch für Kinder.
www.emptyquartertours.com/1000nites.htm

Neue Dimensionen in Abu Dhabi: Rosenwassersprenkler

Alkoholverbot

Sharjah trocken

In Hotels und lizensierten Restaurants bekommen Ausländer und manchmal sogar Einheimische Bier und Wein serviert. In speziellen Shops können Ausländer, die in den Emiraten leben, bis zu zehn Prozent ihres Monatseinkommens in alkoholischen Getränken anlegen, so ist es gesetzlich geregelt. Die Vorschrift gilt überall – außer in Sharjah. Im Nachbaremirat von Dubai herrscht seit 1971 striktes Alkoholverbot. Diese Prohibition hatte den Tourismus im Emirat fast zum Erliegen gebracht. Doch der Sultan hat seine Gründe: Da in Sharjah die Ölträume nicht in Erfüllung gingen, wird das Emirat von Saudi-Arabien finanziell unterstützt. Offenbar verlangen die konservativen Saudis dafür eine Gegenleistung.

Fischen und Meeresfrüchten. Sehr gute Küche.
Dhau Habour, Bateen Bay
Te. 02/666 63 31

Mittelklasse

Bam Bu

Sehr gutes China-Restaurant mit einer ungeheuren Vielfalt an Gerichten. Am besten das All-You-Can-Eat-Menü bestellen und sich durch die reichhaltige Karte probieren. Wunderschöner Blick auf den Yachthafen.
Al Meena, Marina and Yacht Club, Tel. 02/645 63 73

Havana Café

Bei einer Shisha (Wasserpfeife) den Blick auf die Skyline von Abu Dhabi schweifen lassen – dafür ist das Havana Café der beste Ort. Sehr gute Kebabs und Grillteller.
Abends ist das Café Treffpunkt der arabischen Schickeria, die sich von anstrengenden Einkäufen in der Marina-Mall gegenüber erholt.
Al-Ras al-Akhdar, gegenüber Marina Mall, Tel. 02/681 00 44

Preiswert

City Palace

Zweistöckiges Restaurant nahe der Corniche. Preiswerte arabische Küche. Besonders die Fischgerichte sind sehr empfehlenswert.
Sheikh Khalifa bin Zayed Street
Tel. 02/626 27 62

Sea Shell

Kebabs in allen Varianten, Burger mit indischem Einschlag, dazu eine unglaubliche Vielfalt an frischen Fruchtsäften. All das gibt es bei Sea Shell. Genau das Richtige für den kleinen Hunger. Der Imbiss nahe der Corniche liefert all das auch kostenlos nach Hause.
Tel. 02/622 00 02

HOTELS

Buchungen über einen Veranstalter sind meist billiger als direkt beim Hotel. Wenn sie dies dennoch tun, fragen sie nach Sonderkonditionen.

Beach Rotana

Das Flaggschiff der größten Hotelkette der Emirate. Das Gebäude liegt nahe am Stadtzentrum und hat trotzdem einen eigenen Gästestrand. Gute Ausrüstung für Wassersport. Für Power-Shopper gibt es einen direkten Zugang zur benachbarten Abu Dhabi Mall, die keine Wünsche offen lässt.
Tel. 02/644 30 00
www.rotana.com

Emirates Palace

Halb Hotel, halb Palast: 3009 Räume und 12 Restaurants. Kein Superlativ, den dieses Haus nicht bieten könnte. In den weitläufigen Hallen hat sich selbst Ex-Kanzler Schröder bei seinem Staatsbesuch verlaufen.
Tel. 02/690 90 00
www.emiratespalace.com

Al-Raha Beach

Neue Hotelanlage außerhalb der Stadt. Liegt ganz in der Nähe vom Abu Dhabi Beach Club. Weitläufige Parkanlage, großer Pool. Familienfreundlich.
Tel. 02/508 05 55

Le Meridien

Luxuriöses Hotel, nahe der Corniche. Zimmer und Suiten mit Meeresblick. Die großzügige Wellnesslandschaft und das Spa stehen nicht nur Hotelgästen offen.
Al Meena, Tel. 02/644 66 66
www.lemeridien-abudhabi.com

NIGHTLIFE

Jazzbar Hilton

Lifemusik in entspannter Atmosphäre in der einzigen Jazzbar der Stadt. Dabei wird der Stil großzügig definiert. Das Repertoire der professionellen Bands reicht bis zu aktuellen Hits internationaler Charts. Man kann hier auch gut essen.
Hilton Hotel, Corniche Road West, Tel. 02/681 19 60

L.A.B.

Diskothek, in der die Jungen und Schönen von Abu Dhabi feiern. Aktuelle Clubsounds. Auf der Terrasse des „Lounge at the Beach" mit Meeresblick kann man sehr lässig in ledernen Sitzsäcken den einen oder anderen Drink genießen.
Al Meena, Beach Rotana Hotel
Tel. 02/644 30 00

SHARJAH

Sharjah, in direkter Nachbarschaft der Metropole Dubai, gilt als konservativstes der Emirate. Dafür ist es das Zentrum von Gegenwartskunst in den sieben Staaten. 1998 war Sharjah von der UNESCO zur Kulturhauptstadt der arabischen Welt auserwählt worden.

Von Scheinwerfern kunstvoll in Szene gesetzt: Al-Noor-Moschee in Sharjah

MUSEEN

In Sharjah machen die meisten Museen zwischen 13 und 17 Uhr Mittagspause. Montags haben sie generell geschlossen. Am Mittwochnachmittag sind viele Einrichtungen nur für Frauen geöffnet.

Sharjah Archeological Museum
Didaktisch hervorragend aufbereitet, macht das Museum 6000 Jahre Geschichte lebendig. Originalfunde und Modelle zeigen die Lebensweise der Menschen in der Region seit der ersten Besiedlung.
Cultural Square
Tel. 06/566 54 66
www.archaeology.gov.ae

Heritage Area
Ein Teil von Sharjahs Altstadt wurde zu einer Art Museumsmeile umgestaltet. In alten Häusern, die renoviert wurden, sind Museen zu Geschichte und Kultur der Emirate untergebracht. Auch das wieder aufgebaute Fort al-Hisn, in dem die Herrscherfamilie al-Qasimi einst lebte, zählt dazu.
Zwischen al-Boorj Avenue Corniche und al-Ayubi Road
Es gibt ein Kombiticket

Islamic Museum
Das Museum wurde im ehemaligen Wohnhaus eines Händlers eingerichtet. Zu sehen sind alte Handschriften und Koranausgaben aus verschiedenen Jahrhunderten. Eindrucksvoll ist die Kopie des Vorhangs, der die Kaabah in Mekka verhüllt. Alle Ausstellungsstücke sind Leihgaben aus der Privatsammlung des Emirs von Sharjah.
Di-Do 9-13 Uhr, 17-20 Uhr
Fr nur von 17-20 Uhr
Mo geschl., Eintritt frei

Art Museum
Von alten Lithografien bis zur Gegenwartskunst: Über 300 Werke arabischer Künstler sind in der größten Kunstsammlung der Emirate zu sehen. Neben den offiziellen Ausstellungen kann man auch einen Blick in die Ateliers junger Künstler werfen.
Al-Boorij Avenue *tägl. geöffnet*

Sharjah Art Center
Im Stadtpalast Bait al-Serkal ist die städtische Kunstschule untergebracht. Nach Anmeldung kann man die Räumlichkeiten besichtigen.
Tel. 06/51 12 22

Sharjah Art Galleries
Hier kann man zeitgenössische arabische Kunst nicht nur besichtigen, sondern auch kaufen. Im Innenhof trifft man fast immer Künstler bei der Arbeit.
Obaid al-Shamsi-House *Außer Mo und Fr tägl. von 8-13 und von 16.30-20.30 Uhr geöffnet*

SEHENSWERT

Desertpark
Vom Schakal bis zum Wüstenwildschwein – im Desertpark und dem Naturkundemuseum kann man Wüsten und Steppentiere in natürlicher Umgebung erleben. Auch ein Reptilienhaus und Streichelzoo gehören zur Anlage. In einer Zuchtstation für bedrohte Tierarten kümmern sich Wissenschaftler um deren Erhaltung.
Sharjah Airport Road
Dhaid Highway, Ausfahrt Nr. 8
Sa-Mi 9-18, Do 11-18 Uhr
Fr 14-18 Uhr

Al-Majarrah Souk
Die architektonisch wohl schönste Markthalle der Emirate, eines der Vorzeigegebäude neo-arabischer Baukunst. Im Inneren sind 50 Geschäfte, die Textilien und Parfüms aller Art führen. Hier kaufen vor allem Einheimische ein.
Corniche beim alten Dhau-Hafen *Mittags geschlossen*

EINKAUFEN

Al-Markazi Souk
Das Gebäude gilt als Wahrzeichen von Sharjah. Im Innern der sechs Gebäude befinden sich 600 Geschäfte mit allerlei Schnickschnack. Im ersten Stock sind auch einige Antiquitätengeschäfte.
Viele Asiaten und Araber kaufen hier ein.
King Faisal Road *zwischen 13 und 16.30 Uhr geschl.*

RESTAURANTS

Sanobar
Sehr gutes libanesisches Familienrestaurant, das besonders für seine Eintöpfe und Meeresfrüchte bekannt ist.
Al-Khan Road, Tel. 05/28 35 01

Künstlich bewässert: Dattelpalmen in der Oase Al-Buraimi

HOTELS

Holiday International
Luxuriöses Hotel direkt an der Lagune. Zimmer und Suiten mit Meerblick. Besonders kinderfreundlich. Sehr gutes und preiswertes Fischrestaurant.
Khalid Lagoon, Tel. 05/73 66 66

Sharjah Rotana Hotel
Luxushotel, mitten in der Innenstadt von Sharjah. Pool und Wellnessbereich.
Al-Arouba Street
Tel. 06/563 77 77
www.rotana.com

AJMAN

Ajman ist bis auf die Küste rundherum von Sharjah eingeschlossen. Das flächenmäßig kleinste Emirat hat 110 000 Einwohner.

SEHENSWERT

Ajman Museum
Das historische Fort beherbergt eine Sammlung für arabisches Handwerk und eine liebevoll nachgebaute Marktgasse.
Mi-Sa 8-13 Uhr, Do bis 12 Uhr, Eintritt 4 Dh

Strand
Zwischen Ajman und Sharjah verläuft einer der schönsten Strände der Emirate. Ab Donnerstagnachmittag genießen vor allem arabische Familien ihre Freizeit am Meer. Kaum Touristen.

MERIAN | TIPP

Al-Ain / Al-Buraimi
130 Kilometer östlich von Abu Dhabi liegt die **Oasenstadt Al-Ain,** der Geburtsort von Scheich Zayed. Bis er die Amtsgeschäfte von seinem Bruder übernahm, lebte er in der Oase. Al-Ain gilt als die Grüne Stadt mitten in der Wüste. Heute gibt es hier eine Universität und einen internationalen Flughafen. Vor allem der Kamelmarkt am Freitagmorgen lohnt einen Besuch.
Etwa zehn Kilometer nördlich, mitten in der Parkanlage Hill Gardens, liegt die bedeutendste Ausgrabungsstätte der Emirate. Die Grundmauern, die ein französisches Archäologenteam freigelegt hat, beweisen, dass Al-Ain schon vor 5000 Jahren eine bedeutende Karawanserei war.
Die nahe gelegene **Oase Al-Buraimi** war lange zwischen den Saudis und den ansässigen Beduinen umkämpft. Heute gehört der Ort zum Nachbarland Oman, kann aber ohne Grenzformalitäten besucht werden.
In Buraimi kann man das Fort und die Reste der Altstadt mitten in einem üppigen Palmenwald besichtigen.

MERIAN | TIPP

Auf Tauchstation

Die Tauchgründe an der Ostküste der Emirate sind – im Unterschied zur Sandküste vor Dubai – ein interessantes Revier für Hobbytaucher. Besonders die Leuchtturminsel vor Khor Fakkan ist wegen der Artenvielfalt beliebt. Aber auch die Küste der Omanischen Exklave ist für ihre abwechslungsreichen Tauchreviere bekannt. Wegen der gefährlichen Strömungen an den Felsküsten sollten Taucher dort allerdings einige Erfahrung mitbringen. Die Strandhotels in Fujairah haben sich auf die Bedürfnisse der Froschmänner eingerichtet:

Sandy Beach Motel
Modernes Vier-Sterne-Hotel. Neben Hotelzimmern gibt es eine Bungalow-Anlage, die sich auf Unterwassersportler eingerichtet hat. Täglich Fahrten des hoteleigenen Tauchcenters zu den schönsten Revieren.
Al-Aquah, zwischen Dibba und Khor Fakkan
Tel. 09/244 55 55

Holiday Beach Motel
Bungalow-Anlage am Strand von Dibba. Tauchzentrum mit Kinderbetreuung.
Maku Dive Center
Tel. 09/244 57 47
www.makudive.com

HOTELS

Kempinski
Familien und Geschäftsleute schätzen das Luxushotel wegen des weitläufigen Strandes und der üppigen Fitnessanlagen.
Ajman Corniche
Tel. 06/745 15 55
www.ajmankempinski.com

UMM AL-QAIWAIN

Mit 45 000 Einwohnern ist „Mutter der Stärke" bevölkerungstechnisch das kleinste der Emirate. Haupteinnahmequelle sind Leichtindustrie und Fischfang. Ein Erdgasreservoir vor der Küste wird bislang noch nicht ausgebeutet.

SEHENSWERT

Altstadt Lazimah
Hier gibt es noch alte Häuser, die traditionell mit Korallenstein und Muschelkalk gebaut wurden. Obwohl sich viele Häuser in beklagenswertem Zustand befinden, lohnt der Spaziergang durch die Gassen.

Khor Umm al-Beida
Das Naturschutzgebiet nahe der Stadt ist ein Rastplatz für Zugvögel. Vor allem im Winter kann man in der Lagune allerlei Vogelarten beobachten.

Dreamland Aqua
Fast so schön, aber weniger frequentiert als das Wild Wadi in Dubai. 15 Kilometer nördlich der Stadt liegt das Spaßbad mit seinen Riesenrutschen und mehreren Wasserbecken.
Tel. 06/768 18 88
tgl. 10-20 Uhr, Fr ab 14 Uhr

Einsam in den Hajar-Bergen nahe Hatta steht diese kleine Moschee

HOTELS

Flamingo Beach Resort
Das Strandhotel liegt nahe der Innenstadt. Zwei Pools in einem großen Garten. Breites Wassersportangebot. Recht preiswert.
UAQ Tourist Center, King Faisal Street, Tel. 06/765 00 00

RAS AL-KHAIMAH

Ras al-Khaimah bedeutet „Spitze des Zeltes". Den Namen hat das nördlichste Emirat wohl wegen der aufragenden Felsen des Hajar-Gebirges und der Berge von Masandam, die im Norden angrenzen. 150 000 Einwohner.

SEHENSWERT

Wadi Haqil
Das Töpferdorf liegt sechs Kilometer nördlich von Ras al-Khaimah-Stadt. Hier entstehen traditionelle Vasen und Gefäße. Ihr Material gewinnen die Kunsthandwerker aus der tonhaltigen Erde der Umgebung. Lokale Führer weisen den Weg zum romantischen Dorf al-Halla.

Khatt
Heiße Quellen, die auch als öffentliches Schwimmbad genutzt werden. Archäologische Funde in der Oase lohnen eine Besichtigung. Sie sollen 5000 Jahre alt sein.
Thermalbad tägl. von 8-21 Uhr geöffnet. Eintritt 5 Dh.

Kamelrennbahn Digdagga
Die Rennbahn, 10 Kilometer südlich von Ras al-Khaimah, gilt unter Liebhabern als ursprünglichster Ort für den traditionellen Sport. Donnerstags und freitags, in aller Frühe, kann man hier die Rennen verfolgen.
Rennsaison von Okt. bis Apr.

MUSEUM

National Museum
Seit Jahren graben internationale Archäologenteams nach Überresten der Stadt Julfar, die schon im Koran erwähnt wird. Im National Museum sind die Funde der Ausgrabungen zu sehen. Dazu 5000 Jahre alte Fundstücke der al-Ubaid-Kultur aus dem Gebiet des heutigen Irak.
Old Fort *Sa-Mi 9-14 Uhr*

AKTIVITÄTEN

Tower Links Golfclub
Golfen am Golf. Hauptattraktion der gepflegten 18-Loch-Anlage: Flutlichtgolfen nach Sonnenuntergang, in den heißen Sommermonaten eine gute Idee. Der Platz ist weniger frequentiert als die Anlagen in Dubai.

Festung für Ferien: das Hotel Al-Hamra Fort in Ras al-Khaimah

Tel. 07/227 99 39
www.towerlinks.com

RESTAURANTS

La Tour d'Argent
Wohl das beste Restaurant im Emirat. Vorwiegend asiatische und arabische Küche.
Ras al-Khaimah-Hotel, Eid Musallah Road, Tel. 07/236 29 99

HOTELS

Al-Hamra Fort
Das Strandhotel liegt direkt bei einer Lagune. Gebaut im Stil eines Forts, ist das Haus besonders bei europäischen Urlaubern beliebt. Gute Wassersportmöglichkeiten und zwei Tennisplätze sorgen für angenehme Abwechslung.
Al-Jazeerah Maon Rd.
Tel. 07/244 66 66
www.alhamrafort.com

FUJAIRAH

Fujairah ist das einzige Emirat mit einer Küste zum Indischen Ozean. Der Tourismus steht hier erst am Anfang und entwickelt sich nur langsam. Vor allem Taucher und Naturliebhaber schätzen dieses Emirat als Reiseziel.

SEHENSWERT

Khor Kalba
Am südlichen Ende des Meeresarms erstreckt sich eine Sumpflandschaft mit dem am nördlichsten gelegenen Mangrovenwald der Welt. Bei einer Kanufahrt, die vom örtlichen Naturschutzverband wird, kann man in dieser amphibischen Wildnis seltene Wassertiere und Vögel beobachten.
Tel. 09/223 14 36

Exklave Dibba
Am nördlichen Ende der Küstenstraße, fast an der Grenze zu Musandam, liegt Dibba. Ein kleines Fischerdorf, das sich seinen ursprünglichen Charme bewahrt hat. Dibba ist eine Exklave mitten im Emirat Fujairah. Ein Besuch lohnt sich vor allem am Abend, wenn die Fischer ihren Fang am Hafen verkaufen. Wunderschöne Strände, wenige Touristen.
60 Kilometer nördlich von Fujairah-Stadt entfernt.

Badiyah
35 Kilometer nördlich von Fujairah-Stadt steht, nur wenige Meter hoch, die älteste Moschee der Emirate. Datierungen schwanken zwischen 800 und 1300 Jahren. Vier kleine Kuppeln des Gebäudes aus Steinen und Lehmziegeln werden von einer Säule im Zentrum des Gebetsraums gestützt. Winzig sind die in die dicken Mauern eingelassenen Alabasterfenster.
Besichtigungszeiten nur unregelmäßig

Bull Ring
Stierkampf-Arena am westlichen Stadtrand von Fujairah. Wie im Oman (siehe Kasten dort) kämpft auch hier kein Torero, sondern zwei Stiere treten gegeneinander an. Das unblutige Spektakel findet Freitagnachmittags statt.

HOTELS

Hilton
Bestes Hotel in Fujairah-Stadt und gleichzeitig Treffpunkt der Gesellschaft. Schöner Strand. Das Hotel organisiert Ausflüge und Besichtigungen.
Al-Faseel Road, Tel. 09/244 55 40
www.hilton.com

Al-Agah Beach Hotel
Auf dem Weg nach Khor al-Fakkan liegt dieses moderne Hotel mit Meeresblick und Sicht auf die Hatta-Berge. Luxuriöses Haus mit diversen Wassersportangeboten.
Tel. 09/244 90 00
www.lemeridien.com

Allradangetrieben ins Abenteuer: Doch sollte man eine Wüstentour nie allein, sondern nur im Konvoi wagen

MERIAN | INFO

Nichts für Anfänger

Wer mehr von den Vereinigten Emiraten sehen will als künstliche Urlaubswelten, braucht einen Geländewagen und muss bereit sein, viele Stunden auf Pisten zu verbringen. Doch die Mühe lohnt sich. Denn nur so entdeckt man die vielfältige Landschaft Arabiens, fährt durch endlose Wüsten, sieht tiefblaue Wadis und besucht Bergdörfer, in denen die Zeit stehen geblieben zu sein scheint. Doch vergessen Sie nicht: Wüstenexpeditionen sind nichts für Anfänger. Wenn Sie auf eigene Faust unterwegs sind: Versorgen Sie sich vorher mit gutem Kartenmaterial (Off Road Explorer), fahren Sie abseits der Piste nur mit Allrad-Geländewagen, tanken Sie Ihren Wagen noch einmal auf, bevor Sie die letzte Stadt passieren. Es gibt viele unvorhergesehene Schwierigkeiten, die Ihnen in der Wüste zustoßen können: Ein im Sand festgefahrenes Auto, eine Motorpanne oder der Zusammenstoß mit einem Kamel. Deshalb sollten Sie immer im Konvoi unterwegs sein. Auch an ausreichende Wasservorräte und Sonnenschutz sollten Sie denken.

TOUREN

Liwa-Oase

Eine Fahrt zur Liwa-Oase nahe der saudischen Grenze führt in die größte zusammenhängende Sandwüste der Welt, die **Rub al-Khali** (Leeres Viertel). Dieses Meer aus Sand durchquerte der Abenteurer Wilfred Thesiger als einer der ersten Europäer in den vierziger Jahren des vergangenen Jahrhunderts.
Die Liwa-Oase hat auch für die Araber historische Bedeutung. Von hier stammt Abu Dhabis Herrscherfamilie Nahayan.
Die Route von Abu Dhabi nach Liwa ist zweifellos die schönste Wüstentour in den Emiraten. Von Abu Dhabi fährt man entlang der Küste auf der vierspurigen Autobahn Richtung Ruwais. Hinter Tarif (gute Gelegenheit, seine Vorräte aufzustocken und noch einmal zu tanken) folgen Sie der geteerten Piste und erreichen nach 30 Kilometern Habshan. Es geht weiter ins 30 Kilometer entfernte Medinat Zayed. Von hier an werden die Dünen immer größer, und Kamele kreuzen den Weg. 80 Kilometer entfernt liegt das Zentrum des Oasengebietes von Liwa. Zu sehen gibt es hier nicht allzu viel. Keine historischen Gebäude, die Einwohner leben von der Landwirtschaft. Das komfortable **Liwa Hotel (Tel. 882 20 00)** ist bestens geeignet zum Übernachten.
Wer aber Zelt und Schlafsack einem weichen Hotelbett vorzieht, kann jetzt eine unvergessliche Nacht unter dem Sternenhimmel Arabiens verbringen. Fahren Sie von Liwa aus weiter auf der geteerten Piste in Richtung Saudi-Arabien. Irgendwo mitten im Nichts wird man das Zelt aufschlagen und in der untergehenden Sonne auf ein kilometerweites Dünenmeer blicken.

Hatta

Die Tour entlang der 100 Kilometer langen Wüstenautobahn von Dubai nach Hatta ist komfortabler und auch ohne Geländewagen möglich. Gleich hinter Dubai beginnt die Wüste. Hier sind die Dünenformationen kleiner als in der Rub al-Khali, aber der Blick über die Einöde aus Sand und Geröll auf das nördliche **Hajar-Gebirge** hat seinen eigenen Reiz.
Ab **Nazwa** werden die Dünen höher und leuchten in unterschiedlichen Brauntönen. Je näher man Hatta kommt, desto größer wird die Dichte von Ständen, die am Straßenrand Teppiche und andere Souvenirs anbieten. Hatta liegt am Fuße des Gebirges. Die Altstadt ist behutsam zum Freilichtmuseum ausgebaut worden. Es gibt ein altes Fort und eine 200 Jahre alte Moschee zu besichtigen. Zur Übernachtung bietet sich das **Hatta Fort Hotel** an **(Tel. 852 32 11)**, eine schöne Bungalowanlage inmitten der beeindruckenden Berglandschaft. Lohnend ist ein Ausflug zu den **Hatta Pools.** Das grüne Wasser hat in Jahrmillionen Becken in den Stein gegraben. Hier sollte man ein kühlendes Bad nehmen. Für den Ausflug nach Hatta muss der Reisepass im Gepäck sein. Denn der Ort liegt in einer Exklave des Emirats Dubai. Auf Ihrer Reise werden Sie die Grenze nach Oman überschreiten. Ein Touristenvisum gibt es unbürokratisch bei der Einreise.

Geführte Wüsten- und Bergtouren bieten viele Hotels an. Außerdem:
Off-Road Adventures
Tel. 343 22 88
www.arabiantours.com
Orient Tours **Tel. 282 82 38**
www.orient-tours-uae.com
Turner Travel & Tourism
Tel. 345 45 04
www.turnertraveldubai.com

Literatur
Empfehlenswert für alle, die mit dem Geländewagen in den Emiraten unterwegs sind:
Off Road Explorer
ISBN 976-8182-37-7, *29 €*

MERIAN-Straßenkarte
DUBAI
V.A.Emirate • Oman
I R A N
SULTANAT OMAN
KATAR
VEREINIGTE ARABISCHE EMIRATE
Persischer Golf
Golf von Oman
Straße von Hormus
Great Pearl Bank
Kuh-e Siyah 2009
Kaki
Rud-e Mand
Abdan
Kangan
Jazire-ye Gabrin
Bandar-e Taheri
Qir
Jahrom
Rudhane-ye Dozgah
Guyom
Rud-e Sur
Hong
Deh Heir
Rudhane-ye 'Aks-e Rosta
Furg
Aliabad
Gahkom
Ab-e Sur
Doulatabad
Sabzvaran
Sib Kuh
Lar
Geras
Kuh-e Hormoz 2814
Fin
Rud-e Kul
Kuh-e Gavbast 2182
Gavbandi
Bastak
Rud-e Goudar
Anguran
Bandar-e Abbas
Dehbarez
Minab
Cah Zardar
Hamun-e Gaz Murian
Bandar-e Moqam
Rostaq
Rudhane-ye Mehran
Dezgan
Bandar-e Hamir
Qesm
Suza
Jazire-ye Qeshm
Guran
Jazire-ye Lavan
Hendorabi
Bandar-e Carak
Bandar-e Moguye
Bandar-e Lengeh
Kis
Jazire-ye Kis
Jazire-ye Forur
Jazire-ye Tonb-e Borzog
Jazire-ye Sirri
Jazire-ye Abu Musa
Kuh-e Huran 2168
Remesk
Angohran
Kuhha-ye Basakerd
Fanug
Sirik
Bent
Kuh-e Mehe 1722
Rud-e Gagin
Kuh Mobarak
Jask
Sedic
Kalat
Tang
Ras Musandam
Kumzar
Sibi
Khasab
Jebel Harim 2087
Lima
Dibba
Ras al-Khaimah
Khatt
Khor Umm al-Beida
Umm al-Qaiwain
Ajman
SHARJAH
DUBAI
Deira
Nabga
Masafi
Badiyah
Khor Fakkan
Al-Dhaid
Bithnah
Fujairah
Qarn Nazwa
J. Muwaiha 421
Khor Kalba
Al-Faq
Hatta
Westl. Hajar
Rayy
Mahdah
Al-Samha
ABU DHABI
Umm an-Nar
Suwaihan
AL-AIN
Al-Buraimi
J. Hafit 1166
As-Salabih
Ain al-Faidah
Al-Liwa
Sohar
Al-Ghurayfah
Al-Khabura
As-Suwayq
Barka
As-Seeb
Matrah
Maskat
Al-Qurm
Ruwi
Al-Bustan
Bidbid
Quraiyat
Daghmar
Al-Masayqah
Yanqul
Dank
Batinah
Az-Zahirah
Al-Hajar al-Gharbi
Miskin
Wadi al-Ulya
Nakhl
Al-Awabi
Jebel Shams 2980
Bilad Sayt
Tanuf
Al-Mahali
Ibri
Al-Ghafat
Nizwa
Bahla
Jabrin
Izki
Said Bin Sahran
Ibra
Al-Mudairib
Al-Mintirib
Östlicher Hajar
Fins
Tiwi
Qalhat
Sur
Al-Hadd
1240
Wadi al-Batha
Al-Musalla
Adam
Nihada
1210
Fahud
Wadi al-Ayn
Lekhwair Oilfield
Mudaysis
Al-Manadir
Ar-Ruwais
Al-Haur
DOHA (AD-DAUHA)
Umm Sa'id (Musai'id)
Ras Musairib
Sir Bani Yas
Abu l-Abyad
Ruwais
Al-Marfa
Tarif
Giyati
Habshan
Baynuna
Az-Zafra
Medinat Zayed
Asab
Umm al-Ashtan
Meziyrah
Sah
Hamim
Aradah
Liwa-Oase
Al-Mahakik
Al-Mihrad
75

der dichten Vegetation ermöglichen die ungeheure Artenvielfalt. Khor Salalah, die Lagune im Westen der Stadt, steht unter Naturschutz. Aber auf befestigten Wegen darf man das Gelände betreten und die Tiere beobachten.
Salalah **Sultan Quaboos Street nach Raysut**

Weihrauchhafen al-Baleed
Zu seiner Blütezeit im 12. Jahrhundert war al-Baleed einer der bedeutendsten Handelshäfen auf der Arabischen Halbinsel. Vor allem Pferde und Weihrauch wurden von hier in alle Welt geliefert. Ein Ausgrabungsteam der Universität Aachen legt derzeit die Überreste der einstmals reichen Stadt frei. Dabei kommen auch Funde aus vorislamischer Zeit zum Vorschein. Die Ausgrabungsstätte kann besichtigt werden.
Salalah **Eingangstor Al-Quaboos Street**

Tropische Gärten
Ein Spaziergang durch die Palmenplantagen wird in Salalah zum kühlenden Vergnügen. Auf den Plantagen werden Bananen und Kokosnüsse angepflanzt. An einem der vielen Stände an der Straße lässt man sich eine Kokosnuss köpfen und trinkt die kühle Milch mit einem Strohhalm.
Salalah **entlang der Al-Muntazah-Street**

MUSEEN
Thesiger-Ausstellung im Ministry of National Heritage and Culture
Im Foyer des Ministeriums sind die imposanten Schwarzweiß-Fotos des Abenteurers Wilfred Thesiger zu bewundern (siehe Seite 72). Leider ist die Ausstellung nicht in bestem Zustand.
Salalah **Stadtmitte, nahe dem Al-Nahdah-Kreisverkehr**

EINKAUFEN
Weihrauch-Souk
Weihrauch ist das Aroma der Araber. Auf dem Souk kann man das Duftharz in unterschiedlichen Qualitäten kaufen. In den umliegenden Straßen findet man noch alte Häuser, die in der charakteristischen Bauweise der Jemeniten errichtet wurden.
Salalah, **Stadtteil Al-Hafah**

RESTAURANTS
Ofair
Restaurant mit typisch omanischer Küche. Man sitzt auf dem Boden und isst die exotischen Speisen mit den Fingern. Auf der Karte stehen neben Ziege und Lamm auch Gerichte mit Kamelfleisch oder Hai.
Salalah **Robat Street östlich des Hamdan Centers Tel. 29 72 27**

HOTEL
Crown Plaza Resort Salalah
Ein bisschen außerhalb der Stadt, dafür zwischen Palmen und einem naturbelassenen Strand gelegen. Luxuriöses Haus, frisch renoviert.
Salalah **Al Khandaq Street Tel. 23 23 53 33**

en Sur getrennt reihen sich die weißen Häuser von Aiga am Strand

Kopf runter zur Attacke: zweil Bullen im Nahkampf

MERIAN | TIPP

Raufende Rinder

Stierkampf auf Arabisch: An der Batinah-Küste im Oman sind Stierkämpfe der Höhepunkt des Wochenendes. Ohne Blutvergießen

Dass die Tradition von den Iberern stammen könne, streitet man im Oman hartnäckig ab. **Bullenkämpfe** habe es schon gegeben, lange bevor die Portugiesen im **16. Jahrhundert** ins Land kamen. In der Tat unterscheidet sich die omanische Variante des Stierkampfs grundsätzlich von der europäischen. Blut wird nicht vergossen. Stolze Toreros – Fehlanzeige.
Zwei Tiere werden aufeinander losgelassen, tonnenschwere Kolosse. Statt mit dem Tod ringen die Kampfstiere mit ihren Artgenossen. Anstelle eines finalen Todesstoßes bekommt der Bulle im Oman am Ende eines guten Kampfes höchstens Kraftnahrung.
Das Prinzip der Bullenkämpfe ist dem Sumoringen nicht unähnlich: Zwei Schwergewichte verkeilen sich ineinander, meist Kopf an Kopf, bis einer den anderen an den Rand des Rings gedrückt hat. Das bedeutet den Sieg. Um die Bullen anzutreiben, schlagen die Besitzer während des Kampfes mit Bambusstöcken auf die Hinterteile. Manchmal flüchtet einer der Kombattanten durch ein Loch im Ring und muss irgendwo in der Wüste wieder eingefangen werden. Das Spektakel findet **jeden Freitag** unter begeisterter Anteilnahme der Männer auf staubigen Plätzen an den Dorfrändern statt – oft während eines Tiermarkts. Nur die **Küstenstadt Barka** hat außerhalb des Stadtzentrums eine kreisrunde Betonschüssel als **Stierkampfarena** erbaut. Schon früh wurden die besonders kräftigen Höckerrinder als Lastbullen aus Pakistan eingeführt. Sie wurden auf den trockenen Böden der **Batinah-Region** in der Landwirtschaft eingesetzt. Die Tiere pflügten die Äcker und transportierten Wasser aus den Brunnen auf die Felder. Heute sorgen die Rinder nicht mehr für sprießende Äcker, sondern für Spektakel in der untergehenden Feiertagssonne. In den letzten Jahren gab es eine regelrechte Renaissance der Stierkämpfe: Heute trainieren professionelle Züchter die Bullen. Denn erfolgreiche Kampfstiere steigern den Preis der Zuchtrinder. Das ist das einzige Geschäft, das mit dem Stierkampf zu machen ist. Denn auf den Sieger zu wetten ist nicht erlaubt. Das verbietet der Koran.

seine Ursprünglichkeit jedoch bewahrt. Freitagmorgens findet ein Viehmarkt statt.

Bahla
Eine der seltenen Gelegenheiten, eine historische Anlage im Urzustand zu besichtigen. Die Häuser und die Stadtmauer sind noch gut erhalten. Die Festung Hisn Tamah, die über der Altstadt thront, ist von der Unesco zum Weltkulturerbe erklärt worden.

MUSEEN

Sultan's Armed Forces Museum
Der Besuch lohnt sich auch für Pazifisten. Denn die ehemalige Festung ist liebevoll restauriert, und die Gartenanlagen laden zum Verweilen ein. Die Ausstellung zeigt Waffen aus verschiedenen Epochen sowie Ausstellungsstücke, die die Entwicklung des Oman während der vergangenen Jahrzehnte dokumentieren.
Maskat **Bait al-Falja, Ruwi**
Sa-Do 8-13.30 Uhr, Eintritt 1 OR

Oman Museum
Auf zwei Etagen zeigt das historische Museum die Geschichte des Landes, beginnend in vorislamischer Zeit.
Maskat **Qurum, Al-Khuweir**
Sa-Do 9-13 Uhr, Eintritt 0,5 OR

Oman Aquarium
Die felsigen Küsten des Oman sind ein Paradies für Taucher. Im Oman Museum können auch Landratten die vielfältige Unterwasserwelt bestaunen. Sehenswerte Schildkrötenkolonie.

ltan-Kabus-Moschee in Maskat

MERIAN | TIPP

Ausflüge auf Musandam
Khor al-Shamm
Auf einer klassischen Dhau die zerklüftete Küstenlandschaft und faszinierende Wasserwelt Musandams erforschen: In einer Tagestour geht es, begleitet von Delfinen und Schwärmen fliegender Fische, hinein in den Khor al-Shamm, den größten Fjord der Halbinsel. Gestoppt wird an der Telegrafeninsel zum Tauchen; am Nachmittag fährt man nach Kumzar, dem Fischerdorf direkt an der Straße von Hormuz.
Khasab Travel & Tours
P.O. Box: 464 Khasab 811
Tel. 009 68/267/304 64
khastour@omantel.net.om

Jebel Harim
Mit dem Geländewagen zum höchsten Berg Musandams. Vorbei an malerisch gelegenen Beduinendörfen und der Oase Sayh auf 1600 Metern Höhe geht es zum 2078 Meter hohen Djabal Harim. Von hier ist der Blick auf die bizarre Bergwelt Musandams atemraubend. Und hin und wieder findet man hier oben sogar versteinerte Muscheln.
Gleicher Anbieter:
Khasab Travel & Tours
P.O. Box: 464 Khasab 811
Tel. 009 68/267/304 64
khastour@omantel.net.om

Golden Tulip Resort
Neues Vier-Sterne-Hotel; zehn Minuten mit dem Auto vom Stadtzentrum Khasabs entfernt. Jedes der 60 Zimmer bietet einen fantastischen Blick auf den Persischen Golf und die zerklüftete Berglandschaft Musandams.
Khasab, Sultanate of Oman
Tel. 009 68/267 307 77
www.goldentulipkhasab.com

Maskat **Marina Sciences and Fisherie Center, Sidab**
Sa-Mi 8-14 Uhr, Eintritt 0,5 OR

EINKAUFEN

Raj Relicts
Antiquitäten und Reproduktionen arabischer Handwerker, Silberschmuck und Möbel, all das gibt es bei Raj Relicts. Nicht immer billig, aber eine Fundgrube für Geschenke und Souvenirs.
Maskat **House 1094 Way 3616, Ghubra, Tel. 59 31 31**

Matra Souk
Schönster Souk des Landes in der Hafenvorstadt Matra. Vor allem Gewürze gibt es säckeweise. Hier kann man orientalisches Markttreiben genießen und mit der einheimischen Bevölkerung beim Tee ins Gespräch kommen.
3 Kilometer westlich von Maskat **auf der Corniche Road**

RESTAURANTS

Tokyo Tarot
Exklusive japanische Küche. Sehr gutes Sushi, Grillgerichte. Dank der Alkohol-Lizenz gibt es auch Reiswein.
Maskat **Mercure al-Falaj Hotel Tel. 70 23 11**

Mosaferkhaneh
Hier gibt es die traditionelle omanische Küche in der passenden Umgebung. Das Restaurant ist einfach, die Gerichte aber sehr schmackhaft.
Maskat **Sidab, an der Moschee, Tel. 955 90 12**

Al-Pasha
Gute libanesische Küche und Live-Musik. Die Kombination ist beliebt. Weil das Restaurant eine Alkohol-Lizenz hat, kommen hier viele Touristen und westliche Geschäftsleute auf ein Bier vorbei. Freitags Bauchtanz.
Maskat **Central Business District, Tel. 70 81 32**

HOTELS

Al-Bustan Palace
Das Al-Bustan ist ein Hotel wie eine Kathedrale. Die Eingangshalle überragt eine 33 Meter hohe Marmorkuppel, die jährlich von der Schweizer Bergwacht gereinigt wird. Das Hotel wurde 1985 für das Jahrestreffen des „Golfkooperationsrats" erbaut. Dafür wurden Felsen gesprengt und ein Dorf verlegt. Ein Luxushotel, in der gleichen Liga wie das Burj al-Arab.
Maskat **Mutra**
Tel. 24 79 96 66, www.al-bustan.intercontinental.com

Interconti
Das Hotel liegt hoch über der Strandpromenade mit Blick aufs Meer. Vom Balkon aus kann man das dortige Treiben beobachten. Über Stufen erreicht man den hoteleigenen Strand. Fünf-Sterne-Haus mit Komfort, aber ohne Schnickschnack.
Maskat **Shat al-Kurum**
Tel. 968/24680000

SEHENSWERT

Ubar
Am Rande der Rub al-Khali fanden Archäologen in den 90ern die Reste der legendären Wüstenstadt. Laut Koran ist der Ort wegen des lasterhaften Lebens seiner Bewohner im Sand versunken. In Wirklichkeit war es wohl eher ein Hohlraum im Gestein. Fachleute streiten, ob es sich bei dem Fund tatsächlich um das „Atlantis in der Wüste" handelt oder nur um eine historische Karawanserei am Rande der Weihrauchstraße. Die Ruinen und ein kleines Museum, in dem die Ausgrabungen dokumentiert worden sind, können besichtigt werden.
Salalah **Informationen: Oman Orient Tours, Tel. 29 61 10 www.orient-tours-uae.com**

Khor Salalah
Die ganze Küste um Salalah ist ein Vogelparadies. Die flachen Lagunen mit einem Gemisch aus Süß- und Salzwasser und

Durch eine Lagune vom Hafenstädtc

SAUDI-ARABIEN
Rub al-Khali
Ad-Dikaka
Al-Hibak
Sabhat al-Uruq al-Mu'tarida
Al-Kidan
Umm as-Samim
SULTANAT
OMAN
Ramlat al-Ghafah
Ramlat as-Sahmah
Ramlat al-Wahibah
Wadi Halfiu
Al-Ashkhiarah
Ras al-Kabsh
Ras an-Nuqdah
Duwwah
Jezirat Masirah
Al-Kalban
Ras Abu Rasas
Filim
Golf von Masirah
Duqm
Ras Madraka
Arabisches Meer
Barik
Haima
Jiddat al-Harasis
Al-Ajaiz
Muqshin
Dhofar
Al-Kahil
Sawqirah Bucht
Liqbi
Sauqira
Ras Sharbitat
Sharbitat
Shalim
As-Shuwaimiya
Jazair Khuriya Muriya
(Al-Hallaniyat)
Ras Naws
Sadh
Mirbat
Taqah
Salalah
Raisut
Mughsayl
Ras Sajir
Jebel Samhan
Jebel al-Qara
Jebel al-Qamar
Zufar
Dauka
Fasad
Shisur
Ubar
Wadi Qitbit
Wadi Ghadum
Wadi Mudhi
Qafa
Thumrait
Mudhai
Burj
Ayun
Arraida
Erdit
Kharfat
Makinat Shihan
Habarut
JEMEN
Sarif
Damqaut
Al-Faidami
Garub
Al-Gaida
Wadi al-Giz
Zabut
Nistun
Ras Fartak
Quisn
31
120
225
310
116
72
161
96
159
245
365
419
1483
1812
739
900
0
90 km
N
Syrien
Irak
Jordanien
Iran
Afghanistan
Kuwait
Pakistan
s. Straßenkarte
Qatar
Dubai
VAE
Saudi-Arabien
Rotes Meer
Oman
Eritrea
Jemen
Äthiopien
Somalia
Indischer Ozean

1. Dubai Creek; Parmer Fine Textile & Tailoring; Handicraft Cashmere, Alter Souk
2. Fischmarkt, Deira
3. Grand Mosque; Dubai Museum
4. Wild Wadi Water Park; Jumeirah Beach Hotel
5. Ski Dubai; Mall of the Emirates
6. Global Village, Emirates Road
7. Heritage Village
8. Ibn Battuta Mall, Emirates Hills
9. Mercato Mall, Jumeirah Beach Road
10. Gold Souk, Deira
11. Arabian Treasures; Deira City Centre
12. Gallery One, Souk Madinat Jumeirah; Trilogy
13. Al-Boom Restaurant-Schiff
14. More Cafe; Irish Village, Aviation Club
15. Ravi's, Al-Satwa
16. One&Only Royal Mirage; Kasbar
17. Bab al-Shams
18. Burj al-Arab
19. Taj Palace
20. Al-Qasr; Souk Medinat
21. Al-Murooj, Al-Saffa Street
22. Grosvenor House; Buddha Bar; Dubai Marina
23. Vu's Bar, Emirates Towers
24. Scheich-Zayed-Universität
25. Media City
26. Burj Dubai

Autobahn
Autobahnähnliche Straße
Fernverkehrsstraße
Hauptstraße
Nebenstraße
Fahrweg

Flughafen
Archäolog. Stätte
Oase
Brunnen

© MERIAN-Kartographie

INFO OMAN

Landesdaten

Fläche 309 500 Quadratkilometer
Einwohnerzahl 2,5 Millionen
Hauptstadt Maskat
Nationalitäten 73 % Omaner 21 % Pakistaner, 6 % Sonstige
Religion 53 % Moslems 28 % Hindus, 14,7 % Christen
Alphabetisierung 76 %
Amtssprache Arabisch Im Alltag kann man sich meist auf Englisch verständigen.
Politische Struktur Oman ist eine Monarchie. Sultan Kabus Bin Zayed regiert seit 1970.
Seit 1996 gibt es eine Verfassung. Die Nachfolge von Sultan Kabus ist bisher nicht geregelt, da er keine Nachkommen hat.
Feiertage Im Oman gelten die arabischen Feiertage, hinzu kommen der 18. November (Nationalfeiertag) und der 19. November (Geburtstag des Sultans).

Der Anbau duftender Limonen hat im Oman Tradition, auf dem Markt von Nizwa werden sie verkauft

Amouage Parfum

Betörender Luxus

Gold, Weihrauch, Myrrhe: Was die Heiligen Drei Könige als Gaben aus dem Morgenland an die Krippe legten, steht heute als Luxus-Mitbringsel aus dem Oman hoch im Kurs: Amouage, eines der kostbarsten Parfums der Welt, vereint 120 orientalische Zutaten – darunter Weihrauch, Myrrhe, Sandelholz und Patschuli – zu einem opulenten Duft. Die Heritage Collection kostet je nach Ausstattung des handgearbeiteten, mit Edelsteinen verzierten Goldflakons ab 1500 Euro aufwärts. Als Eau de Toilette in der 50 ml Kristallflasche ist der Duft für 220 Euro zu haben. Amouage Boutique u.a. im Sabco Shopping Centre an der Sultan-Kabus-Straße.

ANFAHRT

Der Flug von Europa nach Maskat dauert acht Stunden. Von den Emiraten aus kann man an den Grenzübergängen problemlos ein Visum beantragen.

WEBSITES

www.oman.org/de.htm
Schlichte Aufmachung, dabei aber viele Informationen. Die Seiten des „Oman Dokumentationszentrums" reichen von Reise-Tipps für Touristen bis zu Forschungsberichten zu verschiedenen Themen.
www.omanet.om
Nachrichten, Hoteltipps und offizielle Verlautbarungen, all das gibt es auf der offiziellen Seite des Informationsministeriums in englischer Sprache. Informativ.

ZAHLUNGSMITTEL

Im Oman heißt die Landeswährung Rial. 1000 Baiza sind ein Rial. Der Wechselkurs liegt bei etwa 0,5 Omani Rial für einen Euro.

BOTSCHAFTEN

Deutsche Botschaft
Al-Nahda Street nähe al-Nahda Hospital, Stadtteil Ruwi, Maskat
Tel. 009 68/24 83 24 82
info@maskat.diplo.de

Österreichische Botschaft
Moosa Complex, Building No. 477, 2nd Floor, Way 3109, Ruwi, Maskat
Tel. 009 68/24 79 31 35
24 79 31 45
aeiou@omantel.net.om

Schweizer Generalkonsulat
Al Asfoor Plaza Building
1st Floor, Apt. 104
al-Qurum, Maskat
Tel. 009 68/24 56 82 05

WEITERE INFORMATIONEN REISEVERANSTALTER

EWTC
Richmodstr. 31, 50667 Köln
Tel. 0221/80 11 12-0

VACAO GmbH
Jägerweg 1, 76532 Baden-Baden, Tel. 072 21/ 99 22 99 46, www.vacao.de

Studiosus Reisen
bietet eine 12-tägige Rundreise an, bei der alle Besonderheiten des Landes kompetent gewürdigt werden.
Riesstraße 25, 80992 München,
Tel. 089/500 60-0
www.studiosus.com/reisen/oman

SEHENSWERT

Sultan-Kabus-Grand-Moschee

2001 eingeweiht, ist der neo-islamische Sakralbau die größte und prächtigste Moschee des Landes. Sie bietet Platz für 20 000 Gläubige. Auch Nicht-Moslems können sie besichtigen.
Maskat *Sa-Mi 8-11 Uhr*

Wadi Bani Khalid

Dieses Wadi am östlichen Rand des Hajar-Gebirges ist ein Paradies. Folgt man den Wasserkanälen, öffnet sich eine Landschaft mit Palmen, exotischen Blumen und kleinen Seen. Am Wochenende versammeln sich hier Familien zum Grillen und Baden.
150 Kilometer von Maskat entfernt. Für die Tour braucht man einen Geländewagen.

Nizwa

130 Kilometer südlich von Maskat liegt das religiöse Zentrum Nizwa. Das Fort in der Mitte der Stadt kann besichtigt werden. Dahinter liegt ein restaurierter Souk, der sich in seinem Angebot weitgehend auf Souvenirjäger eingestellt hat. Der Ost-Souk hat

Erst 2001 eingeweiht: die prächtige

Ohne Bauplan meisterlich gezimmert: Dieses Modell einer Dhau liegt vor dem Dubai Museum

Das Wunder der Navigation

Erst die Dhau macht's möglich: Omans Aufstieg zur Seemacht zwischen Ostafrika und China

Eines Tages, man schreibt das Jahr 750 nach Christus, taucht an der Küste bei **Guangzhou** nahe der heutigen Stadt Hongkong ein seltsames Gefährt auf: Durchs Meer zieht ein Schiff mit langem Bug und plattem Heck, sein Vordersteven knickt sacht gen Himmel, an den Masten blähen sich weiße Tücher: Das **erste arabische Segelschiff,** eine **Dhau,** hat die chinesische Küste erreicht. Abu Ubaida, Navigator aus Oman, ist am Ziel: Fast zwei Jahre hat er sein Schiff 10 000 Kilometer durchs unbekannte Meer gesteuert, hat Stürmen und Untiefen getrotzt. Eine mutige, eine unbequeme Reise: Auf der Dhau ist es eng: Hängematten, Kojen gar, gibt es nicht. An frisches Essen ist nicht zu denken: Tag um Tag kaut die Mannschaft Reis und Datteln, Fisch gibt es nur, wenn einer an der Angel hing.

Abu Ubaidas Törn durch den Indischen Ozean ist eine navigatorische Meisterleistung. Zu einer Zeit, da europäische Seeleute Mühe haben, durch den Ärmelkanal zu finden, beginnen Omans Seemänner, das Meer zwischen der Küste Ostafrikas und Chinas zu erobern. Doch Arabiens Kapitäne segeln nicht auf gut Glück, sie berechnen ihre Routen. Ein schlichtes, aber wirkungsvolles Navigationsinstrument hilft ihnen dabei: das **kamal.** Mit dem kleinen Brett, das am Ende einer Schnur baumelt, wird der Abstand zwischen Horizont und Polarstern gemessen – und so recht genau die geografische Breite ermittelt, auf der sich ein Schiff gerade befindet.

Erfindungen wie diese begründen die lange Tradition omanischer Navigationskunst. 700 Jahre später soll auch **Vasco da Gama** davon profitieren.

Als der portugiesische Seefahrer **1498** in Oman landet, heuert er den wohl bedeutendsten arabischen Navigator jener Zeit an: **Ahmad bin Madjid,** von dem es heißt, er sei der Erfinder des Kompass. Angeblich hat er Europas großem Entdecker geholfen, den Weg nach Indien zu finden.

Doch Omans Navigationskunst wäre nicht möglich ohne die Entwicklung der Dhau. Die Form des Lastenseglers mit dem geringen Tiefgang hat sich über Jahrhunderte nicht verändert. Auch nicht die Baumethode. Noch heute wird eine Dhau auf (beinahe) traditionelle Weise gezimmert – zu besichtigen in **Sur,** dem alten Ostafrika-Hafen Omans. Ein Jahr lang hämmern, sägen und nageln die Bootsbauer an einem Schiff von der Größe eines Seglers, wie ihn Abu Ubaida einst benutzte. Ihr Handwerkszeug: Krummaxt, Hobel, Handsäge; selten sind Bohrmaschine oder Kreissäge zu hören. Ein Baumstamm aus Teakholz dient als Kiel; seine Länge legt die Größe der Dhau fest. Planke um Planke wächst das Gerippe, 140 Tonnen Holz werden verarbeitet, gewerkelt wird ohne Bauplan. Zum Schluss wird der Rumpf mit Haifischfett eingerieben, um das Holz zu imprägnieren. Früher wurden die Planken übrigens zusammengenäht: 640 Kilometer Kokosfäden zu Seilen gedreht, durch die gebohrten Holzplanken gezogen und mit Harz abgedichtet. Nägel waren verpönt: Man fürchtete, irgendeine Macht am Meeresboden würde sie einem Magneten gleich herausziehen.

Noch haben stählerne Containerschiffe die Dhaus nicht komplett verdrängt.

In den Häfen der Emirate, von Oman und Iran dümpeln die Schiffe nach wie vor. Noch immer kreuzen sie den Persischen Golf, nehmen Kurs auf Afrikas Ostküste. Allerdings ohne Segel. Unter Deck tuckert der Dieselmotor. *Franz Lenze*

Barock vor Bergkulisse: Bei Föhn sind die Münchner Hausberge zum Greifen nah

Architektur-Glanzlicht für den Rekordmeister: In der Allianz-Arena regiert König Fußball

Ein Tusch für die Gemütlichkeit: Platzkonzert vor dem Nationaltheater

Zuletzt erschienen:

April 2006

März 2006

Februar 2006

Januar 2006

Dezember 2005

November 2005

München, sagt das Klischee, ist die nördlichste Stadt Italiens: So sonnig, so schick, so lebenslustig. Und die Münchner verbringen ihre freie Zeit mit großer Kultur, im Biergarten oder auf den nahen Bergen. Wie es sich gehört, in Deutschlands Genussmetropole!

- Architektur: Die Allianz-Arena lässt den Fußball leuchten
- Adel: 200 Jahre Königreich Bayern – die Pracht-Macht
- Ausflüge: Besuch am Lieblingshausberg
- Auenlandschaft: Die Isar ist wieder ein lebendiger Fluss
- Alte Liebe: Schwabings Charme blüht wie eh und je

Die nächsten Ausgaben von MERIAN sollten Sie nicht verpassen: Malta, Prag, Paris, Münsterland, Finnland, Kapstadt Abotelefon 040-87 97 35 40 oder www.merian.de